# Herzhände

Gedichte

Regina Löwenstein, Günther Bach, Hanna Fleiss u.v.a.

Dorante Edition

„wer das Ende bedenkt, wie er den Anfang bedachte
der wird nichts verderben"

*Laudse: Daudedsching*

# Herzhände

## Gedichte

Regina Löwenstein, Günther Bach,
Hanna Fleiss u.v.a.

Bibliografische Information durch die Deutsche Nationalbibliothek:
Die Deutsche Nationalbibliothek verzeichnet diese Publikation in der
Deutschen Nationalbibliografie; detaillierte bibliografische
Daten sind im Internet über http://dnb.d-nb.de abrufbar.

herausgegeben durch das Literaturpodium, www.literaturpodium.de
© Dorante Edition, Berlin 2009
ISBN 978-3-86901-696-2

Alle Nachdrucke sowie Verwertung in Film, Funk und Fernsehen und auf jeder Art von Bild-, Wort-, und Tonträgern honorar- und genehmigungspflichtig. Alle Rechte vorbehalten. Das Urheberrecht liegt bei den Autorinnen und Autoren.

Foto auf der Vorderseite: Larissa D. Bellina, am Stand von New Brighton in Christchurch (Neuseeland)

Technische Unterstützung und Bearbeitung:
Firma Thomas Ferst Computer; www.ferst.de
Hergestellt in Leipzig, Germany (EU), Engelsdorfer Verlag
www.engelsdorfer-verlag.de

*Jörg Kleemann*

**Gedichtgelände**

achtung sie
betreten autonomes gebiet
unbekannte zone
volle deckung vergessen
sie ihre weltanschauung

feldpost brennender
buchstaben im unterholzsinn
kein ende am ende
urbane turbane
dichte dichter darunter
steckdosengedichte
für elektrokulis
: textismusgefahr

wettkampffieberkontaminiert
dieses erdreich zum fraß
vor die schläue geschmissen
: augen geradeaus rührt euch

verlassen sie auf der stelle das territorium
halten sie den durchgang frei
bleiben sie auf der strecke
wechseln sie die seite

wo das kamel im nadelöhr
schwein gehabt hat -

: an dieser stelle ein beben

*Jörg Kleemann*

**Der Eismann ist da:** kummergefechte im ausnahmezustand
des notübels liebe # gravierende ungleichgewichte im gavitations -
feld divergierend kollidierender körperseelen # mikroskopische ex-
plosionen in tellerminenaugen mit morgenroten schneidwerkzeugen
auf lichtgefräßigen pupillen # unwiderstehlicher stechschmerz auf
der netzhaut sich sehender messer die sich an schläfen wetzen #
klingen der verweigerung tabellarischer lebensläufe mit kind und
kegel # murmelnder staub in den marmormündern geschlechtsloser
museen gefängnisse für vergangenheit gegenwart verfahrene zeit #
wesen aus kosmosfleisch die zueinander fließen möchten in den ver-
botenen unterirdischen gedankengängen hinter der steinstirn ihrer
ignoranz # über den verschneiten ebenen der schreibtischplatten von
traumfeldforschungspoeten mit chronischem nasenbluten und ge -
schiebemergel unterm augenlid taumeln dämonische monde auf der
suche nach revolutionärem erbgut in den frierenden weichteilen zeit-
genössischer mimosen im öffentlichen nahverkehr auf dem weg
ihres wirtschaftsrelevanten lebens # kein lächeln unaufgefordert #
# landschaften voll gefallener sonnen # mal wird es mehr mal we-
niger dunkel # jeder weiß dass jeder vorhanden ist # der fundus
ist unendlich # aus # schluß jetzt # basta # der eismann ist da

*Jörg Kleemann*

**Gewittergesicht**
im spiegelgrund: lichtblume
unbetretenen weges
klippengedanke abschiedslos
ungesprochener staudamm
kralle aus lichtpunktgeschwader
wolke steinstumm glasfaserscherbe
bindestrichleiche im versgerippe
kalter vollblutmond rachelächelnd
im schwinden der dauer
sekundenatemblick
jochbeinschattig
meere salziger
äonenaugen schlammaufwärts
unterm gesträuch hohler wimpernufer

wohin ist fort doch dort ein ort
lippenlosen gehenden bleibens
fließend aus abschaum
irdisch fraß
in den hintergrund hinaus
handreichend herauf

: das schattenmaul steht offen
im tropfen des blitzes

*Jörg Kleemann*

**Im Ernstfall**

schlagen türen trommelfelle
verwittern dritte augen
rufen hohe klare räume
über im mond vergessenen kalkschaufeln
nach sinn stiftenden schweißhunden
im morgenblau
der eingeweide
krätziger zündholzschachteln

später ringsum nachmittage
anträge auf dornröschenschlaf
bis die alphabete platzen
die metzger entschärft
die köche zu brei sind

schlußpunkte auf abwegen
kontaktabzug in echtzeit

hören und sehen vergangen

*Jörg Kleemannn*

**Offene Brüche**

so hell war es noch nie so dunkel
blühende schüttelfröste unter mammons masken

mildtätig der sommer die unwetter
halten sich in grenzen

wir irgendwie halten uns aus
respektvoll verneigen sich die spiegel

je zuvor kein aas hätte gedacht
danach wäre alles wie nie

so verkehrstote viele dieses jahr
einfach war es zu spät davor

gesagtgetan freigesprochen abgewickelt
für zuwider an sich nichts

veränderungen halsbrecherische
nicht mehr abwendbaren glückes

notdurft der ästhetik verrichtet
am eigenen ist das fremde beschiss

: das nach unbekannt verzogene
sprechen auf offenen brüchen

*Jörg Kleemann*

**Phoenix**

licht im osten
morgens klirrend
preußischer raureif
über feinfrostwiesen

: willkommen urvieh
raus aus der asche
rein in die asche
alle 5oo jahre ruß auf der zunge

lebenslang
verglüht mit haut und sterz
im namen der wahrheit
unter
über der schädelbasis
im zeichen von kondolenzkrawatten und metaphern

: tritt ein in den vorruhestand
ins soziale netz
ins fettnäpfchen
in den kollektiven clinch
einer wie-gehts-ach-ganz-gut-sprache

du vogel
du hoffnung

: verbrennungsrückstand

verkohlen
kann ich mich selbst

*Jörg Kleemann*

**Terror**

: unschuldige zivilisten
vorübergehend geboren
in tiefgelegten unbegehbaren
zeilenzwischenschluchten

lauschen

verbleibend im unverbindlichen
abgekühlten blickes angelegten ohres
dem fast überirdischen blau
über lächelnden bürgersteigen

ICK KOOF BEI LEHMANN
WILLST DU VIEL MANN
GEH ZU FIELMANN

brüllen die sonntage vor ihren fassaden
bluten schuhe rosten inlays explodieren masken

warteräume voll feuerlöscher
und stillschweigendem verzicht
okkupieren den öffentlichen raum

: eine frisch gesprengte liegewiese
: der letzte brand beim feinkostbäcker

so ein tagmond drüber
: ein weggepustetes gesicht

Jörg Kleemann

**Lichthäutung**
im gedankengang
: bodenloses gehen ohne füße

fliegen über den ereignissen
fortwährendes davonlaufen
vor unaufhaltbaren haltbarkeiten

über den mond auf die sonne zu
darüber hinaus ins höchste
in dessen nähe gelangen

hitze strudel
durchs dunkle nach oben
ins wahre helle
wo nichts mehr ist
: im rückblick ein punkt nichts
materielles

azur türkis grell frei
wortloses gebiet gedankenlos
mehrstöckige horizonte

sein ohne bleiben
zeit ohne raum
ortloser ort
kein nichts alles
im moment des nichtgeschehens

luftleerer tiefatem anhauch
schauen aus licht
nichtanfang nichtende

welle
stille

aus in sich

durchwaltender blick
auf kein bestimmtes
haben wollen träumen

entteilchigt
entwellt

: flutlicht


*Manfred Burba*

**Aus einer anderen Welt**

*Für Tadeusz Borowski*

Der Schlamm,
der süßliche Geruch und
der rauchverhangene Himmel.

Der Hunger,
die tägliche Angst und
die tiefen Demütigungen.

Die Rampe,
die endlosen Transporte und
die Flammen über den Krematorien.

Bei uns in Auschwitz
inmitten der Zerstörung und
des Todes.

*Manfred Burba*

**Ein Heldenleben**

Der Marineinfanterist.
Die vier Tapferkeitsmedaillen.
Die Schwerverwundetenauszeichnung.
Die Heroinabhängigkeit.
Die Messerstiche in der Bar.

Nach Angaben seiner Anwälte
führten traumatische Erlebnisse
in Vietnam zu der Tat.
„Tausende von Kriegsveteranen
leiden an dieser Geistesstörung."

Die Angehörigen der Mordopfer
fallen sich in die Arme
und klatschen Beifall
am Tag seiner Hinrichtung
auf dem elektrischen Stuhl.

Die Hinrichtung des 38jährigen ehemaligen Marineinfanteristen und Vietnam-Helden David Funchess fand im April 1986 im Gefängnis von Starke im Bundesstaat Florida statt.

*Manfred Burba*

**Der Kleinstadtpoet**

Manch einer ist nicht zu belehren
und ganz und gar darauf erpicht,
sein Innerstes herauszukehren
in einem lyrischen Gedicht.

Er möchte jedermann erzählen,
worunter er im Leben litt
und was ihn für Gedanken quälen
und welche Meinung er vertritt.

Doch fehlen ihm sowohl Erfahrung
als auch Talent auf dem Gebiet,
was er bei seiner Offenbarung
nur allzu gerne übersieht.

So wählt er stets dieselben Worte,
lässt Reim und Rhythmus außer Acht
und Verse von der schlimmsten Sorte
sind schließlich zu Papier gebracht.

Die Tageszeitung druckt bisweilen,
was er in Strophenform verbricht,
und mancher Leser liest die Zeilen
und denkt: Welch herrliches Gedicht!

*Manfred Burba*

**Der Typ von nebenan**

Wen ich partout nicht leiden kann,
das ist der Typ von nebenan,
denn all sein Streben geht dahin,
nicht so zu sein, wie ich es bin.

Er raucht und trinkt nicht, isst nicht viel,
hält nichts von BILD und Lottospiel
und fliegt schon gar nicht nach Taiwan,
Sri Lanka oder Pakistan.

Im Garten lässt er Unkraut stehn,
die Kinder auf den Rasen gehn,
und vor dem Haus parkt ein Objekt,
verbeult, verrostet und verdreckt.

Er lebt nach Kneipp und Hahnemann,
hat immer Jeans und T-Shirts an
und joggt noch abends durch den Ort,
trotz Spielfilm, Tagesschau und Sport.

Was mich jedoch am meisten stört -
dass dieser Mensch nicht auf mich hört
und sich auch weiter so benimmt,
als ob bei mir nicht alles stimmt.

*Manfred Burba*

**Verkehrte Welt**

Es war schon vor etlichen Jahren,
da ist in der Heiligen Nacht,
der Herrgott zur Hölle gefahren
und hat sich dort umgebracht.

Der Himmel war fristlos entlassen,
die Engel in großer Not,
sie konnten es einfach nicht fassen
und wünschten sich auch den Tod.

Den Grund für das plötzliche Ende,
fand keiner so schnell heraus;
man gab sich noch einmal die Hände,
dann gingen die Lichter aus.

Der Teufel ließ allen verkünden,
er wäre jetzt Herr und Gott
und predigte Laster und Sünden
begleitet von Hohn und Spott.

Die Menschen in dieser Stunde,
verstanden die Welt nicht mehr,
verdrehten ihr Credo im Munde
und liefen ihm hinterher.

*Manfred Burba*

**Der große Knall**

Am Anfang war der große Knall,
„Big Bang", auf astronomisch,
den hört man heute noch im All,
zum Glück nur elektronisch.

Am Ende steht ein Schwarzes Loch,
worin dir Welt verschwindet,
es sei denn, dass man vorher noch
ein Hintertürchen findet.

Der Sinn und Zweck der Explosion
und wer sie inszenierte
sind unbekannt, obgleich man schon
sehr gründlich recherchierte.

*Hans-Jürgen Gundlach*

## Die „Krone der Schöpfung"

Man stelle sich die Erde vor,
und zwar mal völlig ohne
(als wäre man ein reiner Tor,
nicht wissend, dass man sie verlor)
der Schöpfung sogenannte Krone.

Das Schöpfungswunder wär´ perfekt,
ganz ohne einen Makel.
Was Gott am Ende ausgeheckt
und was in seinen Menschen steckt,
das führte zum Debakel.

Ob jene je die Wunder sah´n,
die dann die Botschaft hörten:
´Macht euch die Erde untertan!´
´Was Gott tut, das ist wohlgetan!´
Ob sie die Wunder störten?

Die Erde, ihnen anvertraut,
und aller Reichtum der Natur -
die Menschen haben sie versaut
und Menschenwerk auf Sand gebaut
und herrschen nur.

*Hans-Jürgen Gundlach*

**Es ist soweit**

Es klopfte an der Zimmertür,
und dann stand er im Raum.
Ich fragte ihn: „Was willst du hier,
es ist doch viel zu früh dafür,
bei mir herein zu schau´n."

„Ich bin dein Freund. Man nennt mich Hein."
„Ich weiß. Doch du musst draußen bleiben.
Du passt in meinen Plan nicht rein.
Ich trag´ dich für den Winter ein.
Ein bisschen Zeit wird wohl noch sein,
um Schulden einzutreiben.

Hab´ außerdem den Arzttermin,
mein altes Rheumaleiden,
und muss dann noch zum Zahnarzt hin,
weil ich dort in Behandlung bin,
am Weißheitszahn, an beiden.

Besuch ist Sonntag angesagt,
Sohn, Tochter, Enkelkinder.
Wir haben ihn so oft vertagt,
die Süßen haben schon gefragt:
‚Ist Opa jetzt gesünder?'

„Er will dich heute und sofort,
da ist gar nichts zu machen.
Terminkalender! Es gilt dort,
wo er wohnt, immer nur sein Wort
und keine Menschen-Sachen."

„Ich habe Schulden zu begleichen.
Wie überzeugt dich das?
Mein Kontostand zeigt Minuszeichen.
Mein Barvermögen wird nicht reichen
für dieses Schuldenfass."

„Mein lieber Freund, es ist zu spät,
dein Herz beginnt zu flimmern.
Wer bei dir in der Kreide steht,
wie dir´s mit deinen Schulden geht -
nichts wird dich morgen kümmern."


*Hans-Jürgen Gundlach*

**Mauerfall**

Sie hatten mehr als ein Jahrzehnt
in Krieg und Diktatur
die Friedenszeit herbeigesehnt,
sich an die Sieger angelehnt,
für Wohlstand, Freiheit - Inventur.

Ein neues Haus! War es nun da?
Die Mauer, die man stellte,
damit der Ostland-Mensch nicht sah,
was dort im Westmensch-Land geschah,
sie war's, die diesen Traum vergällte.

Sie sperrte die Erbauer ein,
mit allen ihren Lieben,
und keiner kam mehr raus noch rein.
Vom guten Vorsatz war allein
nichts als ein schöner Traum geblieben

vom Arbeiter- und Bauernglücke,
den Wenige nur teilten.
Die stopften mit Gewalt und Tücke
und dreister Lüge jede Lücke,
zu der die Eingeschloss'nen eilten.

So haben Führer überall,
nicht nur in deutschen Landen,
ihr Volk umzäunt von Fall zu Fall
mit einer Mauer, einem Wall,
auf ihrem Irrtum starr bestanden,

es gäbe da ein Paradies
in dieser Menschenwelt,
und sie nur wüssten, wie es hieß,
doch alle Menschen brauchten dies,
auch der, dem's nicht gefällt!

Der wird als Staatsfeind angeklagt
und an die Wand gestellt.
hat er nur einmal es gewagt
und seine Wahrheit laut gesagt,
die den Regierenden missfällt.

Kein neues Haus! Das graue Glück!
Und freudlos die Gesichter.
Und Ängstlichkeit im scheuen Blick.
Was kommt für mein Vertrauen zurück
im Land der Denker und der Dichter?

Doch Mauern, die der Mensch erbaut
zum angeblichen Schutze,
so dick, dass niemand sie durchschaut
und sieht, was sich zusammenbraut,
sind zu nichts Gutem nutze.

Sie halten für begrenzte Zeit
ein ganzes Volk gefangen.
Gefangen-Sein wird neues Leid,
die Sehnsucht drückt und sie befreit
sich selbst, mit Zittern und mit Bangen.

„Wir sind das Volk!", so klang es laut
aus hunderttausend Kehlen.
„Wir wollen, was ihr uns geklaut,
auch wenn ihr uns in Stücke haut,
frei reisen, reden, wählen!"

Die Staatsmacht hat sich still verdrückt.
Fast lautlos stürzt die Mauer ein.
Sie wird verlacht, zerpflückt, zerstückt.
Gewaltlos wird sie eingedrückt.
Und hört nun endlich auf zu sein.

Ach, Freiheit ist ein Augenblick
so stark und frisch und schön!
Wenn sich im Wind die Segel bläh'n,
wer will das Wie und Was verstehn?
Wer blickt da noch zurück?

Die Mauer aus Beton und Stahl
war nicht unüberwindlich.
Im Fleisch des Volkes wie ein Pfahl,
war, sie zu fällen, wessen Wahl?
Und fällte man sie gründlich?

In manchen Köpfen blieb sie drin,
so mancher Mauerrest.
Des Mauerfalles tiefer Sinn?
Wenn mauerfrei ich selber bin,
dann wär' das mein Befreiungs-Fest.

Und wär' zugleich auf jeden Fall
ein Mauerfall!


*Hans-Jürgen Gundlach*

**Celle, Runde Straße Nummer neun**

Ich war noch Kind, und es war Krieg.
Die Oma wohnte in der Stadt.
Der Vater kämpfte für den Sieg,
Die Mutter sang: „Maikäfer flieg ...",
und kriegte kaum uns Kinder satt.

Einmal im Monat fuhren wir.
Die Dampflok stampfte, fauchte, pfiff
auf roten Rädern, großes Tier,
das sich den Weg frisst, schien es mir,
und schlingerte im Sturm. - Ein Schiff.

Die Masten, die den Zug umstellten,
sie flogen mit den Bäumen.
Doch Räder kreischten, Pfiffe gellten.
Rotmützen, die Kommandos bellten.
Sie rissen mich aus meinen Träumen.

Ich hörte Menschen schrei´n und fluchen.
Der Zug hielt an, ein langer Halt.
Die Oma wollten wir besuchen.
Ich freute mich auf ihren Kuchen,
und alles andre ließ mich kalt.

Es war nur eine kleine Reise
nach Celle, nur zwei Stunden.
Welche Fracht, auf welche Weise
fuhr auf eben diesem Gleise?
Antwort hab ich nicht gefunden.

Denn jener Halt auf halber Strecke -
Ich hab ihn später mir erklärt.
Man hielt die Wahrheit im Verstecke,
damit ein Kind sich nicht erschrecke
und nichts davon erfährt,

dass hier am Kleinbahn-Kreuzungspunkte
ein „Viehtransport" die Vorfahrt hat.
Ich sah nur hastig durchgewunk'ne
fensterlos in Grau getunkte
Waggons. Was fand hier statt? -

Am Ziel! Von dort durch einen Park,
vorbei an grünen Pyramiden.
Das Schloss, das sich im Wald verbarg.
Der Eisenzaun. Wer war so stark,
ihn mehrfach zu verbiegen?

Das Kopfsteinpflaster, der Hydrant.
Und dann der Brunnen an der Ecke.
Ein Baum, der gegenüber stand,
die Eibe. Und den Straßenrand
markierte eine Buchsbaumhecke.

Dann der Geruch im Treppenhaus.
Die Stufen knarrten. Eine Tür
auf halber Höhe, sah so aus,
als führe sie zum Hof hinaus.
WC stand dran. Und das war hier?

Die alte Frau im schwarzen Kleid:
„Da seid ihr ja. Wie ist das schön!"
Elf Kinder, Witwe, Freud und Leid.
„Tisch ist gedeckt, für euch bereit.
Hab` euch so lange nicht gesehn!"

Von hier hab ich die Stadt erkundet,
gelernt, das Wagnis nicht zu scheu´n.
Geschmeckt hab ich, wie Fremdes mundet,
in weiten Bögen dreist umrundet,
die Runde-Straße Nummer neun.


*Hans-Jürgen Gundlach*

**Mein Onkel Max**

Sein Haus - es machte nicht viel her:
die Oma wohnte kostenfrei
ganz oben, und darunter er.
Für sie zu sorgen fiel ihm schwer.
Im Erdgeschoß die Schneiderei.

Max Glister, Herrenschneider, las ich,
als ich ihn endlich mal besuchte.
Ein Sohn, der seinem Vater glich,
doch nun allein und wie für sich
so manchen reichen Herrn betuchte

mit edlem Zwirn und Eleganz,
im alten Stil, von Hand gefertigt,
gedieg`ne Arbeit, ohne Glanz.
Zu schlicht für jenen eitlen Tanz
der Wunderjahre, überwertig.

Primaner war ich, darauf stolz.
Er hatte Schule kaum genossen,
war überhaupt aus andrem Holz.
„Ach Schule!", sagte er. „Was soll's.
Auch anderswo wird Geist vergossen."

Für eine Woche war ich Gast.
Ich kam vom Dorf und endlich raus,
ein junger Mann, der noch nicht passt,
voll Wissensdurst und Gier und Hast.
Er kannte sich auch damit aus.

Und ruhig hat er mir erzählt
von seinen Lehr- und Wanderjahren,
in nackten Worten, ungewählt,
und hat mir dabei nichts verhehlt,
von all dem, was ihm widerfahren:

Worüber man woanders lachte,
woran man litt, womit sich quälte,
was man vom deutschen Nachbarn dachte,
als jener böse Geist erwachte,
Max sich die falschen Freunde wählte.

„Sieg Heil!" gebrüllt für´s Nationale,
die großen Worte, so entbehrlich,
mit heißem Herzen für´s Soziale
gekämpft, gezweifelt viele Male.
Doch Meinung sagen war gefährlich.

„Für Führer, Volk und Vaterland",
„gefallen auf dem Feld der Ehre" -
nur Lügen, ausgestreut wie Sand.
„Die Hybris hab ich spät erkannt,
ich ging noch einmal in die Lehre!"

Und ich mit ihm. Er ließ mich sehn
die Wahrheit hinterm großen Worte,
ließ mich in Lazarette gehn,
das Schreien hören und das Flehn,
in Lager und an andre Orte.

Seh Männer, Kinder, Frauen
gefesselt an der Grube stehn,
Soldaten, die sich danach trauen,
aufs Massengrab hinabzuschauen,
seh schwarz-weiß-rote Fahnen wehn.

„Mein Bruder - kurz vor Schluß gefallen,
mein Freund, der mir das Leben schenkte, -
ich seh ihn seine Fäuste ballen
und hör` ihn letzte Worte lallen,
bevor ein Kriegsgericht ihn hängte.

Doch die Verbrecher dieser Zeit?
Ach, all die Führer und Juristen,
in ihrer Angst und Eitelkeit
mitschuldig an dem großen Leid,
tun so, als wenn sie gar nichts wüssten.

Und ich blieb völlig unversehrt,
sechs Jahre lang, ich kam davon.
Das Leid des Kriegs - mir blieb's verwehrt. -
Vielleicht hab ich dich was gelehrt,
dich, meiner Lieblingsschwester Sohn."

Er sprach von Glück, von Irrtum, Schmach,
vom Krieg und der Verblendung,
die über ihm zusammenbrach,
von Scham und Schande und danach
von klarer Sicht und Wendung.

Und ich mit meinen achtzehn Jahren
sog all die Schrecken in mich auf.
Er konnte sie mir offenbaren,
als wären mir sie widerfahren,
nahm meinen Schmerz in Kauf.

Er saß da, so wie Schneider sitzen,
in ihrer Werkstatt auf den Tischen.
Ich sah die flinke Nadel flitzen
und Tränen in den Augen blitzen
und hörte Bügeleisen zischen.

Noch heute seh ich sein Gesicht,
mit Ernst mir offen zugewandt.
Ich denke an sein inn´res Licht
an seine Worte, ihr Gewicht
und weiß: Das hat Bestand.


*Hans-Jürgen Gundlach*

**Du - Gott**

Sah einen Menschen, einen alten,
des Morgens in der Kirche stehn
und sah ihn seine Hände falten,
die Stirne senkend in sich gehn.

Und hörte seine Stimme klagen,
wie durch ein Wunder mir vernehmbar,
und betend etwas leise sagen,
was gar nicht angenehm war:

„Nun hör mir zu, du Gott da oben.
Ich bin echt sauer, richtig down
und mag dich überhaupt nicht loben
und kann dir, glaub ich, nicht mal traun.

Mein Arzt meint, ich sei ziemlich krank
und müsste bald wohl unters Messer,
mir wird bei dem Gedanken bang,
und andre Sachen stehn nicht besser.

Mein Sohn hat keine Arbeit mehr,
mein Enkelkind ist schwer behindert,
und die Versichrung tut sich schwer
mit Geld, das dieses Leiden lindert.

Steh bei der Bank hoch in der Kreide,
das Dach vom Haus ist nicht mehr dicht
und über ihm die Trauerweide -
ich fürchte, dass sie runterbricht.

Und meine Frau will mich verlassen,
ich sei ein Ekel, geiler Bock,
meist nur am Saufen und Verprassen
und ginge ohnehin am Stock.

Die Leute fragen, wie´s mir geht.
Mir geht´s besch...eiden, dass du´s weißt.
Du weißt ja, wie es um mich steht,
du, der „allmächtig" heißt.

Ich stehe da mit nichts in Händen
wie Flasche leer, total kapott!
Nur du kannst jetzt noch alles wenden.
Nun hilf mir doch, du - Gott!"

Dem Ausgang zu ins Freie strebend
hab ich den alten Mann berührt,
wir sahn uns an, die Hand uns gebend. -
Ist da ein Engel, der uns führt?

*Hans-Jürgen Gundlach*

**Übrigbleiben**

Einer von uns beiden
wird für viel zu lange Zeit
übrigbleiben,
sehnt sich, das Allein-Sein-Leid,
Fremden, die das gar nicht freut,
mitzuteilen.

Wird an Sonnentagen
am Teich im Park die Enten füttern
und sich fragen:
„Kann sie das Alt-Sein nicht erschüttern
und Einsam-Sein sie nicht verbittern?
Ich hör´ sie niemals klagen."

Vor einem von uns beiden
wird der Liebste sterben.
Beim Alleine-Bleiben
wird sich die Welt entfärben.
Man wird Erinnerungen erben
und sich bescheiden.


*Hans-Jürgen Gundlach*

**Blaue Stunde**

Haltet doch einmal die Zeit an,
hängt euch an die Uhr zu zweit dran.
Sei´s ein großer oder kleiner,
schnappt euch einen Zeiger.

Und wenn eine Uhr erst steht,
steht auch bald, was sonst noch geht.
Alle Räder stehen still.
Was für ein Gefühl!

Keine Eile bei den Leuten,
ihre Zukunft liegt nun platt.
Und Termine, die sie freuten
finden nicht mehr statt.

Jeder tritt nun auf der Stelle,
alles dreht sich nun im Kreise,
wird nun endlich und ganz schnelle
unversehens leise.

So als hielte unsre Welt
ihren heißen Atem an.
Was die Stille jetzt enthält,
zieht uns in den Bann.

Nur das Hier und Heute zählt.
Diese Stunde, dieser Tag!
Was geschehen wird, das fehlt.
Was noch vor uns lag,

macht nun endlich keinen Schreck mehr,
gibt nun nicht mehr Sinn und Zweck her,
denn das Gegenwartsvergnügen
muss genügen.

Jedes Hoffen, Bangen, Sehnen
ist von nun an nur zum Gähnen.
So vernehmt die frohe Kunde:
Alles ist jetzt Blaue Stunde.

*Hans-Jürgen Gundlach*

**Krieg - ferngesehen**

Ein Bombenblitz. Die Nacht zerreißt!
Ein Antlitz, grau, vom Helm entstellt,
das Zähne fest zusammenbeißt,
von Hass und Angst erzählt.

Hat er beim Schießen eine Wahl?
Gehorcht er nur Befehlen?
Sind Schäden nur kollateral?
Wird dieses Bild ihn quälen?

Ein Haus zerstört, ein Bombentrichter,
zwei Kinderbeine unter Schutt.
Wo ist für solche Tat der Richter?
Was ist in unsrer Welt kaputt?

Ein Mann im langen weißen Hemd,
ein schwarzer Bart und braune Haut.
Er weint und zeigt so ungehemmt,
wem er vertraut:

Der Kamera, die seinen Schmerz
der Welt vor Augen führt.
Die Hände ringend himmelwärts.
Ob sich dort etwas rührt?

*Hans-Jürgen Gundlach*

**Die Kurse steigen**

Die Kurse steigen
um sechs Prozent.
Die Fernseher zeigen,
dass Bagdad brennt.

Der Himmel so rot
über der Stadt.
Auf der Straße der Tod,
der Namen hat.

Und tiefe Trichter,
wo Häuser standen
und Angstgesichter,
wenn Bomben landen.

Und Hospitäler,
die überquellen,
Computerfehler,
die Fallen stellen.

Und Seelenschäden
und Todesqual
zivile Schäden
und schamloses Reden
von kollateral.

*Hans-Jürgen Gundlach*

**Zügellos**

Elektro-Lok auf dem Geleise -
Sie fährt alleine ohne Zug
auf irgendwie beschwingte Weise,
als wäre sie sich selbst genug.

Als hätte sie sich losgerissen
und ihrem Dienstherrn grad verkündet,
so'n Zug zu zieh'n sei echt be...scheiden,
ob er nicht eine andre findet.

Sie weiß nicht, wie die Reise endet,
sie fährt drauflos und gibt sich preis
dem, der dann eine Weiche wendet
und lenkt sie. - Auf ein Abstellgleis?

Nein, auf ein Nebenstreckchen,
vorbei an Wiesen, Wäldern, Seen.
An einem traumhaft schönen Fleckchen
lässt sie ihr Stahlgehäuse steh'n.

Statt heftig hin und her zu flitzen,
hat sie nun Zeit zu meditieren,
bleibt zwar auf ihren Gleisen sitzen,
kann geistig sich emanzipieren.

*Hans-Jürgen Gundlach*

**Der Kuckuck**

Ich höre gern der Lerche zu,
wenn überm Felde ohne Ruh
sie jubelt aus der Vogelbrust
die Lebenslust.

Ich lausche gern dem Drosselmann,
den man vom frühen Morgen an
so herzbetörend flöten sieht,
sein Liebeslied

Und auch das Lied der Nachtigall
weckt meiner Seele Widerhall.
Ich fühl zur späten Abendzeit
die Traurigkeit.

Doch wenn im Mai der Kuckuck schreit,
weiß ich nicht recht, ob mich das freut,
zähl meine Jahre nach und teile
mit ihm die Langeweile.

„Kuckuck, Kuckuck, sag mir doch,
wie viel Jahre leb ich noch?"
Wer kennt ihn nicht den Kinderreim!
Wer lässt sich nicht auch darauf ein?

Ich zählte gestern nur bis neun
und war zu Tod erschrocken.
Doch dann begann ich, mich zu freu'n:
Noch so viel Zeit! Ließ mich von neuem
ins bunte Leben locken.

*Hans-Jürgen Gundlach*

**Stolz auf Deutschland?**

Hab einen weißen Mann gekannt,
mit glattrasiertem Schädel,
auf dem in Rot geschrieben stand:
„So stolz auf Deutschland", und ich fand
das überhaupt nicht edel.

Ich fragte ihn, worauf er´s ist.
„Was hat dich stolz gemacht?
Und was von dem, worauf du´s bist,
stammt irgendwie von deinem Mist?
Was hast denn du davon vollbracht?"

Er sagte: „Also, äh..." und dann
sprach er: „Hau endlich ab, du Arsch!"
Er hob die Faust, bot Schläge an:
„Eeii, geh in deinen Urwald, Mann!"
Und das klang ziemlich barsch.

Ich lass mir auch ´ne Glatze schneiden!
Ein Tätowierer soll den Spruch:
„so stolz, stolz, stolz auf Deutschland" schreiben,
mein schwarzer Kopf soll es euch zeigen:
Ich hab von diesem Stolz genug.

*Regina Löwenstein*

**Alle hier haben ihren eigenen Plan**

Was sind die Wolken gealtert,
dass sie, wie die Klatschweiber
ihre Häupter senken,
um unser Flüstern zu erlauschen.

Wenigstens lassen sie sich
nichts sagen von dem Wind,
der sich aufplustert in dem Ehrgeiz,
Welten wach zu dröhnen,
die noch nicht zu Tode entdeckt.

Folge den Flüssen nicht,
wenn sie sich aufmachen
zu ihrem Rendezvous
mit dem Horizont.
Wir leben nicht lange genug,
um sie beneiden zu lernen.

Wenn wir unsere Herzschläge
wie Schaukeln
an die Zeit hängen
ächzen ihre Seile - alt,
doch stramm geflochten.

Noch halten keine Risse
Einzug in die Farben,
und leicht lässt sich glauben,
alle hier haben
ihren eigenen Plan.

*Regina Löwenstein*

**Warten auf den Regen**

Weicher sitzt es sich,
seitdem die Erde
auf links gekehrt wurde.

Die Menschen verharren
in ihren Häusern vor Spiegeln,
nach Veränderungen suchend.
Ohne sie ist es so still hier,
still genug,
um geboren zu werden.

Die Eile ist gestorben.
So lass uns noch ein wenig
unter dem Baum warten,
bis uns der nächste
fallende Apfel
mit sich zieht.

„Sieht nach Regen aus",
sagtest du, und tatsächlich:
Am Himmel flattern Wolken
wie Fetzen von weißen Flaggen
oder Leichentüchern,
aus denen sich jemand
hinaus wand in die Freiheit.

Lass uns
auf den Regen warten.

*Regina Löwenstein*

**Fangen spielen**

Erkennst du den Park wieder,
in dem wir die Sonne
mit Netzen fangen wollten,
wie einen Schmetterling?

Wir meinten, lachen zu müssen,
als sie zwischen Straßenlaternen schlüpfte,
eine Häuserecke umbog
und sich davonschlich.

Es war nur ein Spiel,
und ihre Strahlen winkten
wie zierliche Finger,
wie ein flüchtiger Schwur:
„Ich verlaufe mich nicht."

Doch noch heute
tasten wir alle Wände ab
in der Hoffnung, die Sonne
hat für uns irgendwo
ein Zeichen eingeritzt.

Wir spielen Fangen
mit der Vergangenheit,
und wie zerknüllte Steckbriefe
knistert das Laub
unter weglosen Füßen.

*Hanna Fleiss*

**Geheimnisse**

Mond,
Ich will das Geheimnis
Vergänglicher Sonnen ergründen,
Anzünden das Licht des Johanniskäfers
Um Mitternacht.

Jahrhundertströme
Hinab, zögernd, in die Tiefe
Tiefsten Erinnerns. Einfangen
Die Silben, Sätze des Ungedachten,
Des Verschwiegnen.

Aber die Erde.
Ein Lied aus Nebel und Rauch
Singt sie mir. Tau auf den
Gräsern, Tau auf den Herdfeuern.
Und Wega, die Alte, schluchzt.


*Hanna Fleiss*

**Sommerstadt**

Heupferdchenzeit,
Blaue Zeit. Als die Linden,
Die schönen Linden, sich bogen
Am Rande der Straße
Unter der Last der Düfte. Als
Der weiße Mond Honig trank.

Die Stadt lebte
Ihren Tag, mit grauer Stirn, ein Ach
In den Hallen der Bahnhöfe. Und kein Himmel
Sank auf die Nächte. Nur in den Kellern
Die Zikaden schrien
Lieder der Liebe.

*Hanna Fleiss*

**Tagebau**

Weit
Der undeutbare Blick
Ins wunde, zerrissne Antlitz
Der Erde.

Sand,
Vielfarbige Dünen,
Das Restschwarz der Kohle,
Nachmittag und die Sonne
Hinter der Welt. Ich sah das Schaufelmaul
Eines Riesentiers, scheppernd
Noch aus der Ferne.

Angehaltenen Atems
Griff ich der toten Erde ins Sandherz.
Mir durch die Finger rieselte Stille.
Diese erstickte Stille.

*Hanna Fleiss*

**Du weißt**

*Für R. A.*

Warum dieses Leben?
Du klagst, vergebens sei dein Atmen.
Deine Schwäche verleugnet
Das Wunder des Lebens.

Auch vor meinem Fenster
Das harmlose Grün der Pappeln,
Sonntags die Stille der Straße,
Glockenklänge, Hundegebell - vergebens?

Und schlägt auch der Bruder
Den Bruder - weißt du, warum?
Verworren erscheinen dir Welt und Zeit,
Spektakel unterm Zauberzelt.

Liebe, wie kostbar
Dein Atem, unwiederholbar.
Nein, ich lasse dich nicht.
Und du weißt.

*Hanna Fleiss*

**April V**

Bergahorn,
Weitarmig, hochgipfelnd.
Zauber des fünffingrigen Blatts,
Kühle der Säfte, honiggeboren.
Neu der gewöhnliche Tag.

Durch die Zweige
Ein Wind, der Streifen Licht fällt
Auf mich, ich fang ihn auf
Mit den Augen. Flieg,
In den Fliederbusch flieg.

Himmel,
Ein Lichtfang, grün. Es neigt
Das Gras sich ins Ufer. Und drüber
Der Schatten des Baums. Ich taumle,
Schwebe, ganz Wolke.

*Hanna Fleiss*

## Juni

Blühender Büsche
Düfte um die Höfe, der Juni, jung,
Hängt sein weißes Kräuternetz
Über die Gräser.

Samen der Pappel
In der Luft, die Katze springt
Nach ihnen. Flügge sind
Die Krähenjungen.

Wir, voll Ahnens,
Warten auf Sommer, gehn
Durch die Straßen, berauscht,
Jeder Tag ein Traum.


*Hanna Fleiss*

## Lauf der Dinge

Sieh zurück.
In deine Euleneinsamkeit hinein
Schattenumwehtes Gekrächz
Müder Nachtvögel.

Längst verklungen
Der Sang trauernder Nachtigallen.
Einstmals, hinter Büschen verborgen,
Lauschtest du dem Pirol.

Vorbei.
Du blickst in schwarze Spiegel.
Du ahnst, du erkennst. Du findest dort
Nie mehr dich selbst.

*Hanna Fleiss*

**Windgespräch**

Still,
Flüstergedröhn,
Weil der Frühling hinsank.
Der Flieder, den ich trug
In den Adern, in den Nüstern,
Ist nun verblüht.

Nie mehr
Mit dem Flügelwort
Kommt nun Unhörbares,
Ungeträumtes zu mir. Stimmen der
Sommergewitter, Sturmgewölk
Im Gedächtnis.

Du wohnst
In meinem Schatten, wo herrisch
Das Grün der Bäume
Mich die Blättersprache lehrt,
Nur Windeulenrufe
Fürcht ich.

*Hanna Fleiss*

**Nachtwandern**

Flüsterlaut:
Still, Sternengeschrei.
Was mir gehört: der Himmel,
Der Schein matten Monds
Über der Ebene.

Da trank ich Tau,
Als mir die Nacht erschien. Ich aß
Das Schwarz wie Trockenbrot.
Salz und Stein - sie gebühren
Dem Wagenden.

Jetzt,
Mein Schattenwurf irrt
Durchs Land, blind
Blick ich zurück. Wo bist du,
Freund Tag?

*Hanna Fleiss*

**Noch einmal**

Immer dieselben Wege,
Ich erleide die Mühen des Nocheinmal.
Abwesend hör ich den alten Wind,
Der über die Ebene streift,
Verfang mich in ihm.

Seh, was ich niemals mehr
Sehn gewollt, Schlachtengemälde,
Um die sich der Goldlorbeer rankt
Siegestrunkener Jahre,
Abgestaubt.

Den Weg noch einmal.
Geschlossne Paläste, es geht
Der Pfad quer durch ein blutendes Feld.
Eulen holen uns ein, unken wegabseits.
So weiß ich: Nie lernen wir aus.

*Hanna Fleiss*

**Zuletzt**

Abend,
Schwelle zwischen
Tag und Nacht. Der Himmel erzittert
Unter Sternenfeuern.

Voll Erbarmen
Die Ruhe der Finsternis. Bangen Muts
Tret ich ins Schwarzsamten
Der Stunde.

Himmelsgewölk,
Blindflug, einsam, ohne Wiederkunft.
Jemand heult, wirft die Sense
Ins Gras, nebenan.

*Hermann Josef Schmitz*

**Lichtflüsse**

liegen
einfach daliegen
hingegeben dem jetzt
klingen wellen aus
der tiefe ins licht
die haut sommerwarm
liegen
einfach daliegen
sonnenspiegelscherben treiben
über den fluss
aus hellem ufergestein
blühen kamillen die hänge hinauf
es ist
sommer leicht
der moment
abschweifend der blick
hinüber ins herz
mit aufgeregt blauem gesang
mischt sich eine amsel
in die dämmerung
tasten meine hände
über deinen atem
unter dem mirabellenbaum
im warmen gemäuer
einer sommernacht
werde ich mich verfangen
in den lichtschnüren aus lust
mich vergehen
verlangend mein feuer
verbrennend bis auf den grund
werden wellen klingen aus
der tiefe
ins dunkel
heiser und atemlos
es ist
sommer leicht
der moment

*Hermann Josef Schmitz*

deine aufblühenden rosenlippen
verschlossen die sommernächte
bis zum morgen
gingen die sätze nicht auf
aber das leben ruhte sich aus
unnahbar sein üppiger herzschlag
und sagte kein wort
im land voller gras


*Hermann Josef Schmitz*

am ende
der sichelbraue
flackern wimpernflügel
in die stille
halbdunkel
atmet regen
am fenster
behütest du den herzschlag
im vergessen der stunde


*Hermann Josef Schmitz*

kurz vor dem erlöschen
fassen sich wellen
an ihren schultern
und erfinden die säume
der ufer
wieder und wieder
treibt salzmoos
zwischen dein atemgehölz

*Hermann Josef Schmitz*

du gingst
über leuchtende dezemberwälder
hinweg
das gesprochene wort
die erinnerungen
den feinen stoff
und einen letzten herzschlag im gepäck
du gingst
am verschlossenen brunnen vorbei
das milde licht der späten tage
hüllte die weite in nebelblau
gingst du
über leuchtende dezemberwälder
entlang der chiffrierten steine
einen letzten biss vom gereiften apfel
und ein lachen über dich selbst
gingst du
über leuchtende dezemberwälder
an silbernen flüssen
baumgrünen horizonten
hinaus
bis zu den himmeln
hinauf
gingst du
und es war gut

*für P.*

*Hermann Josef Schmitz*

die bebenden wasserflügel
wenn ein schiff aufbricht
seinen keil in die stille des flusses treibt
die unruhigen gesänge vertriebenen vögel
die sich zwischen den wasserfalten
um neue heimat bemühen
das fremdartige geräusch
wenn die gefächerte zunge
sich an betonkanten vergeht


*Hermann Josef Schmitz*

herzhände
am liebsten herzhände
die worte halten
tränensilben
schweigezeilen
augenblicke
seiten aus glas
lichtgrün die bewegung
blauleise ihre zärtlichkeit

*für Annemarie*

*Hermann Josef Schmitz*

lichtgefülltes blau
legte sich wie ein geschmeide
auf die moosgrünen baumhälse
reckten sich zueinander
auf der lichtung lagen schattenflecken
aus grauem schnee
nahmen dem gras den atem
in den erinnerungen
war die zeit eine andere gewesen
und die bäume
trostreiche begleiter am weg


*Hermann Josef Schmitz*

komm
eine herzzeit näher zu mir
der schnee ist verschwunden
schutzlos liegen die ängste
in den sonnengetränkten räumen
komm
flechte deine zärtlichkeit
in mein unruhiges blut
treib worte aus stille
über die offenen wunden im tränengras
komm
einen herzschlag länger als sonst
und verschliesse das fenster
am himmel aprilblaue sehnsucht
und schmerztau im unverhüllten geäst

*Hermann Josef Schmitz*

**Regensburg**

unbemerkt verflüchtigt sich
ein haltloser gedanke
als spielte das leben
sein eigenes spiel
treiben menschen am domplatz vorbei
durch farbleuchtende gassen
an den wänden der vergangenheit
verschieben sonnengetränkte hände
die schattenfenster wanken
falsche zeichen einer anderen zeit
und die ungeordneten gedanken
verlegen sich auf neue stützpunkte
wechseln die stunden
der leisen stimmen bewegen
wie von ferne der große fluß
schaudert der blick in die tiefe
unverkennbar das gelb von forsythien
eingemeißeltes licht
im kommenden grün


*Hermann Josef Schmitz*

**Verriegelt**

menschen neuen geschlechtes
kamen über die meere
aber es gab keinen platz für sie
in der abgerissenen zeit kranker länder
füllten redner die leere mit lautstärke
schliffen sie die eigene angst
draußen auf den meeren
blieb die hoffnung von innen verriegelt

*Hermann Josef Schmitz*

**Magnolientage**

als du mich trugst
im letzten monat vor der zeitrechnung
wusstest du nicht
wieviele frühlinge ich queren würde
wenn die tage wechselten
am magnolienstamm
leuchteten die farben kurz und heftig
jahre um jahre zähltest du zusammen
fremden und eigenen zeiten
gabst du deine bedeutung
und deine anerzogene ordnung
blieb bestehen
es sorgte dich
wenn ich deine muster durchbrach
wenn du die sicht darauf nicht verhindern konntest
jahre um jahre zählte ich zusammen
gefangen in falschen vorstellungen anderer erwartungen
bis ich erkannte
dass du keine berechtigung mehr hattest
mich zu tragen
das ich selbst gehen musste
und bestehen im frühling
vor und nach der magnolienblüte

*Hermann Josef Schmitz*

dieser geruch
von verglühten waldrändern
an einem abend im mai
diese sehnsucht
nach innigen händen
verlangenden lippen
atemerstickenden küssen
dieses prasseln
wenn ein blütenschauer
vom kastanienbaum regnet


*Hermann Josef Schmitz*

ich will mich
in deine formen entlassen
mich vermehren
an deinen küssen und händen
ich will meine haut
über deine legen
und dich atmen
von beginn zu beginn

*Peter Huber*

**Abraxas**

Alter Vogel,
Schrei, schrei dich
Von deinem Glockenturm
Dem Gottvolltag
Entreiß die Sonnen
Schicht um Schicht und
Das Weltenjahr zerbricht
Auf deinem Haupt

Nun flieg:
Zerreiß dein Klagegefieder,
Hör nur wie es, nachtentwunden
Im Stern deiner Geburt
Für dein Verklingen spricht

Du bist außen, du bist innen
Du bist Blut, das
In unsren Wiegen steht
Und keine Lüge treibt dich
In des Schlafes Scheunen mehr

Hast die Dämmerung dir gesattelt
Sporenloser, Windgemahl
Am durchgekauten Wort, an dem
Ich mich noch labe
Ist deine Brut schon längst
Erstickt

Da ringt mit sich
Im Krallengrab des Schlangenfußes
Die stummgedrehte Welt
Ein Abend sinkt, ein Morgen geht
Verleuchtet, unbekräht
Und Schild und Geißel hängen
Schlaglos in der Schattenschale

Alter Vogel,
hast um uns geschrieen
Und unter dem Schlag aller Glocken
Dein Haupt verloren

Wir tragen die Wiegen
Zurück in die Scheunen


*Peter Huber*

**anodos**

wenn der sturm kommt in den ecken, in den staubigen ecken
ringt die kinderschar leise unter dem dach ihrer hände
nach feuer

die türen die türen, malt rot in den schatten
mit fingern, die haben wir gestickt
von dem nass unsrer köpfe

die türen
die schweren
die kammern
die dunklen

nach feuer, und tiefer, nach klingendem licht
dem fremden der heißt: der täufer des tages

am anfang war nichts, als die hand
und der zitternde schoß
und das haar, das sich sträubt in der sinkenden stille

wenn die kinder die offenen münder
die trockenen zungen hinauf an das dunkel führen
und die luft ihren tausendsten tag
in den plüschigen kerkern abgestanden hat

wenn die traurigen augen dem schrei ihrer täuschung erliegen
steht der himmel
fällt der himmel
von wolken und asche und licht
und von allen diesen namen
die sich verheimlichten

am anfang, am ende
im namen des sturms
trägt der tod das kleid eines kindes

er war zu laut für das geschäft einer fröhlichen welt
in den kammern
den dunklen
barst das dach vieler hände



*Peter Huber*

**Oblation**

Die Vielen spielen dort
Am Grat der Jahreszeiten
Drei Töne sinken
Aus kühlem Himmelsblut
Wir wechseln Kleider nun
Von Schuld zu Schatten
Und schmücken unsren Blick
Mit Bernsteinsplittern

Wir sind bereit
Für all die kargen Tage
Erwarten Nordlicht, Wölfe
Und den fahlen Regen
Das Kreuz schläft knisternd
In den Öfen, sein Rauch
Bewahrt uns: ahnungslos

Das Dornenhaupt trotzt starr
Dem Wind auf allen Giebeln
Und löscht, erlösend
Die Funkenschmiede
Unsrer zügellosen Herzen

Die Vielen, die auf ihren Harfen
Die Stunden lang,
die Tage kurz zu spielen pflegten;
Die Vielen, wir sahen sie
Sie spannten sich vom Wolkenreich
Bis zu den Wurzelknoten
Sie brachten Gischt auf grüne Wellen
Und Gold
aufs sonnenschwere Weizenfeld

Ein Einziger ist uns geblieben
Mit Kind, mit Taube und mit
Opferstab
Was fremd war,
Bleibt uns weiter unbekannt
Nur leise klingt das Lied
Aus Himmelsblut
Wir lassen es, erlöst,
Der weiten Erde
Und sind bereit
Für all die kargen Tage

*Peter Huber*

**Leiriope**

Mundauf mundab
Hat dich das Wasser verlassen
Weltdurchdrungene
Und dein Schoß verspiegelt schon
Die Schläfer,
ihre tauben Augen

Bald

Wirst du Blüten speien
Und wilde Gräser sollen
Um deine Knöchel wehn
Die Götterspalte schickt dir
Ihre Boten
Und rauer Dreizack wühlt
Im Schamesfeld

Was kühl, behütend deinen Duft
Umspülte, wird silbern wallend
Deinen Sohn verführen
Wird kalt und eben bleiben,
Wenn Fleisch zu Blatt sich wandelt
Und nur ein leeres Wort
Sich bricht im sonnenlosen Tal

Es schlägt der Tag, vergoldet, fern
Die letzten Tropfen aus dem Himmel
Und aus dem schlammbedeckten Grund
Greift herrschaftlich das Maskenreich
Nach schalem Leben

So wird ein Traum sich
Zwischen deine Schenkel legen
Und in die lichterlohe Nacht
Als Menschensohn
Sich dann erheben

*Peter Huber*

**Quivittoq**

Mich siehst du nicht:
Ringend mit gnädigen Schatten
Die schlagen mir Schluchten
In den Blutsporn der Sonne
Und stillen mich, still, kühl leckt meine Haut
Gegen mich Lebendes, das verwunden bleibt
In ewiger Jagd

Hinkender Tod, an dem ich nage
Mein Blick steht mondwund
In Eurem Fleisch, ihr müsst es geben
Und ziehn
Ich schürze den Atem, der mich verteilt
Durch die Zeitalter, die da gehen
Unter dem Herrn

Einmal noch küsst ich
An ungebornen Gestaden dein kühles Gebein
Bleib verloren, für mich
Und du greifst durch den Schattenberg
Trauben von Schlaf, bleib verloren
Für mich

Und du siehst mich nicht:
Ich bin der berstende Traum von der Weite
Der sich im Stundenglas müde erhebt
Ich bin der Widergänger
Meinen Leichnam entführe ich
Aus den klammen Häusern der Nacht

Und senk mich tief hinab, tief
Und wende den Blick
Dort liegt sie, bittere Freiheit

Grab meiner Träume

*Bettina Lichnter*

**Material einer Dichtung**

Die Dichtungsmasse im Gehirn
formiert sich hinter meiner Stirn
und möchte sich gern reimen.
Es sind die Worte im geheimen,
die langsam keimen.

Die Dichtung bahnt sich ihren Weg.
Hirnströmungen als Dichtersteg.
Die Worte woll'n sich finden.
Wie sich die Dichtungsmittel winden
und langsam binden ...

Der Dichtungsstoff hat sich formiert
und Vers auf Verse formuliert.
Der Dichter ist zufrieden,
hat Worten ein Gesicht beschieden
und Murks vermieden.

Die Reime sind kein sinnlos' Ding
und eingesperrt im Dichtungsring.
Sie dürfen endlich fliegen,
sie wollen in den Herzen liegen,
und sie besiegen.

Die Dichtungsscheiben sind gelöst,
der Kopf vom Wortsalat erlöst.
Und da ist augenblicklich
des Dichters Seele ganz vergnüglich
und einfach glücklich.

*Eve Herzogenrath*

**Mit diesem Kind darfst du nicht spielen**

Mit diesem Kind darfst du nicht spielen
Sagte die Mama
Doch gerade dieses Kind
Das war für mich 1 A
Es hatte Stolz, es hatte Mut
Und jede Menge Power
Doch lagen die Erwachsenen
Buchstäblich auf der Lauer
Dass niemand mit besagtem Kind
Womöglich Freundschaft schloss
Wir Kinder fragten alle uns
Was haben die denn bloß?

Das Kind, es war nicht dumm, nicht faul
Es hatte keine Krätze
Na ja, die Eltern waren arm
Die Mutter stets in Hetze
Sie putzte abends Treppenhäuser
Und morgens noch Büros
Am Wochenende dann im Club
Versorgte sie die Clos
Nichts auszusetzen an der Frau
Die Wohnung war adrett
Und wenn man ihr begegnete
war freundlich sie und nett

Was war denn dran an diesem Kind
Dass wir es meiden sollten?
Wir ließen nicht mit Fragen nach
Weil wir es wissen wollten
Der Vater trinkt, gestand Mama
Nach langem Hin und Her
Er sei ein Faulpelz, munkelt man
Und arbeitet nicht mehr
Hat keine Freunde und kein Geld

Und schlägt auch Frau und Kind
Ich möchte nicht, dass du erlebst
Wie schlecht die Menschen sind

Was hat das Kind damit zu tun?
Schrie ich nun voller Wut
Hat keine Chance zu beweisen
Dass es nichts Böses tut?
Damit ihr's wisst, erbost ich rief
Ich war bei ihm zu Haus
Der Vater sitzt im Rollstuhl dort
Und kommt nur selten raus
Er hatte einen Unfall einst
Mit seinem Einsatzwagen
Hat seit dem keine Arme mehr
Womit sollt' er denn schlagen?!
Ich weiß, wie schlecht
Die Menschen sind
Das konntet ihr mich lehren
Mit Tratsch, Verleumdung, Munkelei
Und niemand kann sich wehren

*Roman Herberth*

## Im „Gänsemarsch"

Die Ente quakt und geht auf Tour.
Und hinter ihrem Rücken,
da watscheln wie an einer Schnur
im Gänsemarsch die Küken.

Fast jedes hat sich eingereiht
und hebt die kleinen Flossen.
Jedoch ein weiches Federkleid
war etwas unentschlossen.

Es ruft vom steilen Böschungsrand,
denn dort war es gesessen:
„Ihr seid auf einmal durchgebrannt!
Ihr dürft mich nicht vergessen."

Die Entenmutter hört ihr Kind,
und schnabelt aus der Ferne:
„Jetzt aber los, und mach geschwind!
Du trägst die Schlußlaterne."

*Ruth Karoline Mieger*

der arbeitslose der
lose
im sozialen netz
hängt
ist bald
sein ansehen
los

ein bitteres
los
im großen
land der angesehenen




*Ruth Karoline Mieger*

ehe
Geist und Gier
sich ehelichten
lebten Menschen
eher
frei

eine alte Ehe
scheidet
der Tod

*Ruth Karoline Mieger*

**Sommerblüten**

im Sommer vor der Wahl
blühen
roter Mohn
grüne Gräser
gelbe Goldrute
schwarze Nelken

im Sommer vor der Wahl
züchten
Berliner
derbe Ruten

der Wahl nach
Arbeitslosen
gelbe Geldruten
blühen

der Wahl nach
eisiger Wind weht
welke Gräser
verblühter Mohn

verströmen
Nelken
Leichengeruch

*Ruth Karoline Mieger*

**Christlich**

Christlich schleichen
scharfe Lügen
in die Not
der Arbeitslosen

Listig pickt
die kalte Kralle
letzte Krümel
vom Armentisch

Christlich schmücken
feine Herren
den betuchten Tisch
der Reichen

Christlich picken
reiche Räuber
rauben Reiche
Armen Krümel

*Ruth Karoline Mieger*

**Verschmutzungsrechte**

Wer handelt
für die Bewohner des Planeten Erde
wenn Verschmutzungsrechte
von den Reichen
an die Reichen der Armen
verkauft werden?

Wer reinigt
den Planeten Erde
wenn der Schmutz der Reichen
die Armen der Armen
erreicht?

Wer kauft
von den Armen der Armen
die Reinigungspflichten?

Der Planet Erde
handelt
nicht mit Menschen

Das Universum
verhandelt nicht
mit Planeten

*Ruth Karoline Mieger*

**Glücksmomente**

Gras unter meinen Füßen
Lange noch nicht Wüste
Üppig wachsen Bäume, der Boden weder
Carrarisch hart noch ausgelaugt
Kecke Käfer, schillernde Schmetterlinge
Schweben zum lila Lavendel
Munter noch ohne Gen-Gifte
Orgiastisch wehen blühende Gräser im
Mittagswarmen Wind, noch saftig, bevor die
Eigensinnige Sonne sie braun brennt
Noch grünt das Gras unter meinen Füßen, noch
Tanzen die Elfen, noch flattern bunte Falter, noch träumt die
Erde ihren Traum

*Christine Omar*

**Halte stets ein wenig inne**

Halte stets ein wenig inne,
Nimm dir Zeit für deinen Test.
Ist es noch in deinem Sinne
Was du tust und was du lässt?

Sind es noch die eigenen Worte,
Die du sagst und die du denkst?
Ist es noch dein eigenes Lächeln,
Das du Tag für Tag verschenkst?

Oder bist du angepasst,
Unversehrt doch stark verblasst?
Legst du Deine eignen Karten
nur wie andere es erwarten?

Halte stets ein wenig inne,
Nimm dir Zeit für deinen Test.
Ist es noch in deinem Sinne
Was du tust und was du lässt?

Hast eine Maske, die du trägst,
Während du Sicherheiten pflegst?
Und nur im kleinen Rahmen schwimmst,
Damit du dich nicht übernimmst.

Wie alle täglich durch dein Leben rennst,
Bis du im Alter dann erkennst:
Es war alles nur Fassade
Wie schade!

*Christine Omar*

**Fernliebe**

Er lebt in Augsburg und sie in Bremen,
Man muss die Sehnsucht eben zähmen.
Es ist die Arbeit, die ausschließlich zählt,
Familie haben sie nicht gewählt.

Er weiß nicht, ob sie zueinander finden,
Sie weiß nicht, ob sie sich ewig binden.
Wozu auch? Man muss doch flexibel sein.
Hauptsache Arbeit, notfalls allein.

Ein Hoch auf die Unabhängigkeit!
Wir sind zu jedem Verzicht bereit,
Bloß nicht zum Kinder kriegen,
die würden uns nur auf der Tasche liegen.

Sie hat ihr Leben und er hat seines,
Gemeinsames Leben hat man keines.
Wozu auch? Es gibt ja das Telefon,
Wirkliche Nähe, wo gibt es die schon?

Er lebt in Augsburg und sie in Bremen,
Sie haben für sich den unbequemen
Weg gewählt.
Werden sie zueinander finden?
Werden sie sich ewig binden?
Wissen sie noch, was wirklich zählt?

*Christine Omar*

**Die Musik**

Die Musik kann Freude und Trauer ausdrücken,
Sie füllt die Leere und füllt die Lücken.
Oft weckt die Musik unsere Zuversicht
und sorgt in trüben Tagen für Licht.

Überschwänglich, heiter, beschwingt,
Glücklich ist, wer tanzt und singt,
Egal ob alleine oder im Chor:
Musik bringt die Gefühle hervor.

Auch liegt Zufriedenheit in der Musik,
Und Sehnsucht in manchem Augenblick.
Häufig sorgt die Musik für Entspannung
Und schickt die Sorgen in die Verbannung.

Ganz gleich welche Art von Musik man wähle,
Sie ist der Zugang zu mancher Seele,
Denn ob mit Bekanntem oder Neuen:
Jeder darf sich an ihr freuen!

*Mara Laue*

**Lügner**

Er kam
nie wieder
obwohl er
es versprach.

Er rief
nicht an und
seine Telefonnummer
war so falsch
wie sein Name.

Unbekannt der Ort
zu dem er
verschwand.

Was hatte ich doch
für ein verdammtes
*Glück!*

*Mara Laue*

**Ja, was denn nun?**

Dick und rund -
ungesund?
Schlank und rank -
magenkrank?
Normalgewicht -
das reicht noch nicht?
Diätenqual -
noch einmal?

Ich leide sehr
und mag nicht mehr,
drum leb ich fein
und lass den Blödsinn sein!

*André Steinbach*

**Macchu Picchu**

Du Einsame,
in den Bergen getrotzt,
versteckt in den Wolken
getragen vom Geist des Inka,
hochgepriesen,
wie von Geisterhand
überragst du das
zerklüftete Tal des Urubamba.
Stein auf Stein,
gebaut mit großem Geschick,
geboren durch die Kraft
der Inkas.
Zufluchtstätte
der letzten Überlebenden,
verborgen vor den Augen
der Eindringlinge
aus dem so entfernten Spanien,
die Feuer und Tod brachten,
dich aber nie sahen.
Umhüllst dich noch heute
mit nebelgesponnenen Rätseln
wie neugeboren
aus tristem Gestein.
Deine Seele,
lebendig,
strahlt Erhabenes
und über deinen Mauern,
jetzt nur noch Heimstatt
der Götter,
zieht wie einst
der Kondor
seine vibrierenden Kreise.

*André Steinbach*

**Salitreras der Atacama**

Im Lauf der Zeit schon
fast wie Stein geworden,
so ruhen sie, die Stätten
weißen Golds.
Im Wind, der Sand aufweht
und nachts die Sterne,
bewegt sich altes Wellblech unentwegt.
Es sind des Nachts die Geister,
die hier Wache halten,
wenn sternenklar der Himmel sich ergießt
und von den Anden her der kalte
Wind herunter bläst.
Auch sind die guten Zeiten längst vergangen,
schwebt doch Erinnerung,
treibt Leben in die Geisterstadt.
Hier gab es einst Theater und Konzerte,
doch heute ist's der Wind,
der unbefangen,
längst diesen Teil für sich genommen hat.
Und über Gräbern vieler,
ohne Namen,
legt Staub der Zeit sich,
hält die Uhren an.

*André Steinbach*

## Die elfenbeinerne Rose

Ich, eingenickt,
die elfenbeinerne Rose,
die ich im tiefen Schlaf gefunden,
ausgebrochen,
plötzlich verblasst
davongetragen
durchs Weidengestrüpp,
hilflos im Regen.
Die elfenbeinerne Rose warst du,
davongeschwebt aus den Gedanken
im fernen Wolkenzug.
Wie einsamer Gesang,
die Morgendämmerung,
schnelles Erwachen,
wie im Fiebertraum.
Die elfenbeinerne Rose,
entschwunden,
verloren im frühen Tag
wie Vogelflug.

*André Steinbach*

**Der Bettler**

Er war noch nicht alt an Jahren,
doch sein Gesicht war zerissen und voller Falten
und er saß auf dem Bordstein, dem kalten
Es schneite leicht,
doch es gab eine Warnung vor Sturm.
Die Situation schien verfahren.

Die Passanten
beachteten ihn kaum im Vorüberzieh'n
und huschten schnell weiter,
um diesem Spuk zu entflieh'n
nicht einer blieb steh'n.

Der Mann saß ganz ruhig,
den Kopf nach unten geneigt
Er schien die Kälte gewöhnt,
doch ich, ich zitterte leicht.
Und um dieses traurige Bild zu beenden,
suchte ich nach Münzen,
wollte keine Zeit mehr verschwenden,
ging über die Straße,
die sich weit hier verzweigt.

Aber ich fand keine Münzen,
so lang' ich auch suchte.
Und ganz kurz entschlossen
zog ich aus meinen Ring, legte ihm in den Hut.
Er bedankte sich leise, die Augen geschlossen,
streckte seine Hand mir entgegen,
hielt sie lange fest,
und diese Geste tat mir so gut.

Eine Frau kam des Weges,
hielt an der Hand fest ihr Kind.
Es blieb bei mir stehen, die Mutter berührt,

fragt leise das Kind:
Warum bleibst du stehen?
Darauf dann ihr Kind:
Sieh doch, liebe Mutter, der Mann ist ja blind.


*André Steinbach*

**Fensterlos**

Gedanken, fensterlos,
zerfließen wie Wolken
im Tag.
Zwischenspiel,
unterbrochen im Wind,
fortgeweht
mit der Zeit.
Leere Höhlen der Erinnerung,
wie sternloser Himmel,
Das Licht vergangener Tage,
erloschen.
Zerbrochenes Uhrenglas,
abgerissene Zeiger,
zugeweht vom Sand
der Vergangenheit.

*André Steinbach*

**Tschernobyl, zwanzig Jahre danach**

Schwarz, wie der Name,
Weiß in den Himmel geschrieben,
die Worte
Warum?
Trauer liegt über der Stadt,
verlassen,
die Menschen weggefegt,
geplünderte Stätten,
Natur regiert wieder,
über verfallene Plätze,
todesmutig.

Der Tod ruft nach Opfern,
unverhallt,
die Schreie von damals,
Menschen auf der Flucht
vor dem Unsichtbaren,
geräuschlos,
geruchlos,
langsamer Tod,
unbewusstes
Spiel mit dem Grauen.

Der alternde Sarkophag
weist Sprünge auf,
wie lange noch,
zwanzig Jahre des Unglücks,
wiederholt sich das Grauen?
Wer wagt da den Spruch:
Atomkraftwerke sind sicher!
Wer verhöhnt die Toten, die Sterbenden,
die Hoffnungslosen,
wenn das Trostlose
alltäglich wird?

*James P. Hiller*

**11. September 2001**

Es geschah am 11. September 2001,
Trümmer, Trauer, Terror, Tristesse, Taliban.
Und dauerte insgesamt 102 Minuten,
Pentagon, Pittsburgh, Pilot, Präsident, Panik.

Der Schrecken forderte 3.015 Tote,
Anschlag, Arlington, Afghanistan, Al-Quaida, Atta.
19 Terroristen verloren dabei ihr Leben,
Islamisten, Irak, Irrsinn, Inlandsflug, Intervention.

Besetzte Maschinen waren AA 11, UA 175, AA 77, UA 93,
New York, Nordturm, Notruf, Nachricht, Nationale Tragödie.
Man nennt den Tag auch 9/11, September 11, Nine-Eleven,
Ground Zero, Giuliani, Gedenktafel, Gebäudeeinsturz, Grauen.

Der darauf folgende Krieg kostete 50.000 das Leben,
Bin Laden, Bush-Doktrin, Bündnisfall, Besatzungsmacht, Besiegte.
Im Irak starben mindestens 100.000 Menschen,
Verkehrsflugzeug, Verschwörung, Vernichtungswaffen, Vergeltung -

Verloren.

*Eva-Maria Obermann*

**Bürgerkrieg**

Bruder schießt Bruder, schießt Bruder nieder,
Und traurig erklingen die Gospellieder.

Doch die falsche Sklaverei
ist nur ein einziger Grund dabei!
Der Süden kämpft gegen den Norden
und streichhölzergleich fallen die Horden.

Zu Waisen und Witwen, kinderlos
macht dieser Krieg Amerika bloß!
Ein jeder ist Feind in dieser Schlacht,
Darum fehlt oft Gedanke, oft Bedacht.

Hass regiert, lacht in die Faust,
Wenn eine Kugel in den letzten Freund saust!

Bruder schießt Bruder, schießt Bruder nieder,
Und traurig ertönen die Gospellieder!

*Ursula Strätling*

**Das Wort**

Geschrieben erst das Wort
eröffnet und deckt auf es
dann alsbald
Konturen gebend und
entblätternd die Gestalt

legt bloß sie
bis auf ihre Knochen

So lehrt es
den, der sehen kann
sich demutsvoll zu nähern
grad dort, wo neuer Glanz zutage tritt

denn kraftvoll und gewaltig
reißt's fort mit sich
uns alle nun
im Neubeginn


*Ursula Strätling*

**Zur Zeit**

Grenzenlos fließt sie durch alle Räume
die Reisende dehnt sich und streckt sich zunächst
nimmt dann Platz auf dem Zaun.

Wie um nichts zu versäumen, raff ich sie auf
so nichts gerinnt noch aufgefressen wird.

Oder träumte ich sie nur?

*Ursula Strätling*

**Selbstverständlich frei**

Leise wehte ein Wind durch das Land
Die Menschen schauten hinüber
Und Sehnsucht reichte ihnen die Hand
Doch noch war die Nacht nicht vorüber

Und noch lauter schallte Kommandoschritt
Bis in den tiefsten Kerker
Und die Gefangenen beteten mit
Aber nun blies der Wind immer stärker

Wo der Himmel noch gestern in Flammen stand
Senkte sich Stille übers Land
Als endlich der Morgen graute.
Nur wenige konnten sich retten
Meist sprengte der Tod ihre Ketten

Und heute, da weht ein ganz anderer Wind
Wir woll'n uns so schnell nichts vergeben
Denn heute sind wir ja nicht mehr so blind
Und natürlich genügend verwegen

*Ursula Strätling*

**Gründonnerstag**

Regen rinnt
herunter
spült die alten Zeiten
in die Gosse
viel fehlt nicht
an MenschenWelten
Untergang und
höhnisch
sie mit seinem
Spiel begleitend
ja Possen reitend
lacht der Wind

Sogar der alten
Bäume stolze Häupter
sie neigen sich
in Demut tief
sei es aus Schwäche
oder Einsicht denn:
entwurzeln oder brechen
woll'n sie nicht

Sie wäscht sich rein
Natur entledigt sich
zu eng geschnürter Schuh'
dem Menschen ziemt's
nur zu verwalten
auch heute noch
denn zu gestalten
bleibt einzig
ihr
gewaltig Ding

*Germaine Wittemann*

**Wut**

zerbrochener Spiegel
zurückgeworfenes Licht
aus tausend Stücken
erleuchten das Dunkel
in Ecken die uns längst
verborgen schienen
und streuen Gedanken
auf Häupter des Leichtsinns
vor deinen Füssen
liegt meine Wut
tausendfach
in jedem Splitter mein Gesicht
kehre ich mich zusammen
um dich zu vergessen


*Germaine Wittemann*

**Hauptsache Liebe**

Grob gemahlen
Jahrbuch der Liebe
Zieht sich durch die Seiten
Ewig gekörnt
Kleine Steine Tag für Tag
Diamanten ohne Schliff
Hauptsache Liebe sagst du
Und streichst die Letzten
Brösel deines Brötchens
Aus dem Dezember

*Germaine Wittemann*

**Sandweg**

Ich stolpere über Steine
Die du legst
Immer wieder
Zum Abtragen zu schwer
Suche ich meinen Weg
Harte Arbeit zu Fuß
Doch wisse
Wenn ich falle
Nehme ich den Sandweg
An der Kreuzung


*Marko Ferst*

**Danach**

Aufwachen im Niemandsland
die Orkanwinde sind abgeflaut
frische Narben ziehen im Kopf
eine durchscheinende Gestalt
schon nicht mehr hier
und noch nicht ganz verschwunden
im langen Transit
unter den Abberufenden weilen
Landschaften bizarr geformt
vom Wüstenfrost und Elementen
und kein Rat auf weiter Flur

*Marko Ferst*

**Krumme Lake**

Gefügt in Grün
und Wälderdickicht
schilfumringtes Wasser
am Ufer Birkenfrisch
Gelb am Boden
winzige Blüten
Vogelbeeren im Schatten
Farne sprießen auf Morast
ausgedehnte Erlenzüge
Graureiher versteckt

Mit Eulenschild
ist alles geschützt
baden gilt als illegal
im Minutentakt
schrammen Flugzeuge
tief über Wipfel
Räder ausgeklappt
willkommen im Vogelschutzgebiet!
Blech und Krach am Himmel
Schwimmer finden sich ein
bei Sommerglut

Buntes Braun kleidet
von September an
später der Frost
spiegelt mit der Eisglätte
die Sonne zurück
still dämmern alle Pfade
nur die Schwarzröcke
pflügen solange es geht
nur selten noch liegt Schnee
auf Kiefernkronen
das liegt nicht nur
am Fliegerwahn

Krumme Lake bei Berlin-Müggelheim

*Marko Ferst*

**Eine Palast-Phantasie**

Der Mond verspricht Silber
in Weiß singt sie dir
vom Lichterhimmel herunter
von Bühne zu Bühne
das Leuchten und Blinken
zaubert tausendfach

Federleichtes Schwingen
große Goldflügel zu grünen Federn
dann im Fluß von Kufen
hellblau wehen sie übers Eis
Nebel unter Stoffgebilden
Harte, schnelle Rhythmen:
Ice Block

Zu schnappt die Messerfalle
ist das Seil verbrannt
der Akrobat entwindet sich
schnell genug ins Nichts
taucht auf im Publikum

Schwanensee mit Rücklichtern
Fahrräder umkreisen den Tanz
weiß und rot im Dunkel
Tschaikowskis Ton-Balustrade
gleitet über in moderne Rhythmen

Musiktöne als Regenspur
Takt um Takt ins Naß getanzt
an Seilen schwingen
mit rotem und blauen Licht
Blödelzauber verrät seine Tricks

Fehlen nur Claire Waldoff
und Helga Hahnemann
Ikonen verflossener Bühnenjahre
oder ein neuer Star
die längste Girlreihe Europas
spannt ihre Choreographien auf

Revue „Qi" im Berliner Friedrichstadtpalast 2008

*Marko Ferst*

**Hochgebirge**

Von den Gipfeln
zieht der Frost ab
Murengänge graben
immer tiefere Schluchten
Steinschlamm

Neue Pflanzenwelt drängt
auf ungeahnte Höhen
andere verschwinden
mit dem Schnee
und die Gletscher
speisen bald
keine Flüsse mehr

Die Erbschaft der Rekorde
läßt mit Dürren
und mit den Wassern
überrollen vielerorts
Häuser und Felder schwinden
der Weg wird durchkreuzt
an den alten Rechungen

*Marko Ferst*

**Von Buchara nach Samarkand**

Endlos bis an alle Horizonte
die Herrschaft
von Wüste und Himmel
kein Auge geschlossen
die ganze lange Nacht
Schlag um Schlag
auf breiten Schienen
bis die Morgensonne
den Sand aufheizt

Plötzlich rauschen vorbei
mitten in der Einöde
aus Lehm und Wellblech
angesammelte Gehöfte
ein Esel im Wagen eingeschirrt
grüßt mit Kopfnicken

Stunden später trifft der Zug ein
im Spiel des blauen Mosaiks
Stadt der drei Medressen
Zenith am Registanplatz
nachts: beleuchteter Prunk
aus früheren Jahrhunderten
Stätten für die Botschaft
von islamischer Zäsur
aufragende Steinsäulen
neben riesigen Portalen

Unter dicken Bodenlagen umringt
von Geschichte und Ruinen
begründet lange vor Christi Geburt
heiße Teeschalen unter Bäumen
stillen den Durst alter Männer
Kamele tragen nicht nur Touristen
Markt und Melonen
gelbe Brause an Automaten
inmitten der Sonnenglut

*Marko Ferst*

**Die Farbe Ocker**

Land der Mohnblüten
soweit die Augen reichen
zieht auf die Spritzen aller Welt
mit dem Stoff der Stoffe
Aufschwung in Afghanistan
in den fruchtbaren Tälern
unter westlicher Besatzung
reift alles viel besser
als unter den Taliban
seht die weißen Westen!
und die Drogenbarone pressen ab
ihren dämonischen Tribut

Warum marschiert Deutschland
mit amerikanischen Marschbefehl
nicht in Saudi Arabien ein
wo die New Yorker Turmflieger
wirklich hergekommen waren
wie kam man eigentlich
auf die Taliban in Afghanistan?

Wie lange sucht man dort schon
nach Osama Bin Laden vergeblich?
welchen Sinn ergaben Bomben
wo alles schon Kriegswüste war?
warum stürzt man einen Staat
um ein paar Lager zu räumen
in der afghanischen Bergwelt?

Wie gelangt man
von Stalingrad nach Kabul?
warum flogen die englischen Besatzer
zweimal aus Afghanistan raus
und warum scheiterte
die Sowjetunion mit Panzerdivisionen

und rüsteten die USA
ihre Nichtverbündeten auf?
warum ziehen all die Angriffe der NATO
die Besatzungstruppen immer tiefer in
in einen ungewinnbaren Krieg?

Wie ist das mit der Ölpipeline
die durch das Land führen sollte?
Welche Rechnungen wurden
aufgemacht damit das Öl
den Westen schmiert?
Warum handelten die USA
mit den islamischen Gotteskriegern?
paktierten mit denen
die den steinernen Riesenbuddha
in Stücke sprengten?
warum kooperierte man später
mit den grausamen Kriegsfürsten
der Gegenseite?

Neue Asphaltstränge
führen durch das Ockerland
die Korruption treibt immer kräftiger
Versorgungsadern sind
beliebte Ausflugsziele für Anschläge
wer wirklich helfen wollte
vertreibt mit seinem Verhalten
nicht die Helfer aus dem Land
Schulbücher verteilt man nicht
aus Panzern heraus
und zum Salut
schießen die Amerikaner
immer mal wieder
Hochzeitsgesellschaften
in Blut und Boden
hat da vielleicht eine Frau
die Burka getragen?

Hitler kam nur bis Stalingrad
jetzt steht Deutschland
an der Grenze zu China
die Angriffslinien sind neu
welches deutsche Bundesland
dort wohl liegen mag?
das Grundgesetz scheint Makulatur
und Angriffskriege wieder erlaubt

Der deutsche Überfall auf die Sowjetunion
nur eine humanitäre Friedensmission
zur Befreiung von Stalins Terrorregime?
so käme man zu ganz neuen Einsichten
könnte nächste Einmärsche küren
um neue Diktatoren zu kegeln
das Völkerrecht weiter
biegen und brechen

Die Turbane wehen
über die Knochenfelder
von mehreren Schichten Krieg
neue Schulen und neue Hütten
deutsche Hilfe würde nützen
auch echte Polizei ohne Korruption
will ausgebildet sein
doch deutsche Panzer
gehören wie einst die der Sowjets
nach Hause ins Depot!

*Marko Ferst*

**Schachmatt**

Da kommt sie also doch
diese zähe Nebelwand
dunkel für ein Leben
geschlossene Tore
noch ganz irdisch
unter allem weilen
doch die Träume blättern ab
von ganz gewöhnlichen Tagen
unsichtbare Verbote

Nadeln im Kopf
ungreifbare stählerne Zwingen
jeder Mut mit Schatten belegt
immer sind sie schneller
und nichts taugt
was einem von diesem
Spuk erlösen könnte
unheilbar die Fluten
von irrendem Schmerz
die Last der Zukunft
wie Platten von Blei

*Margret Silvester*

**Ein letztes Mal**

Komm, Kind,
und lass dein Skateboard
sein,
lass deine Comics
auf dem Wege liegen.
Komm, lass das Plantschen,
Laufen über Stock und Stein
und lass vor allen Dingen
heut das Drachenfliegen.
Lass es, mein Kind.

Komm, Kind,
und mach die Tür des Hauses
dicht.
Verstopf die Ritzen
aller unserer Fenster.
Komm, lass das Weinen,
mach kein trauriges Gesicht
und glaube bloß nicht an Gespenster.
Glaub nicht, mein Kind.

Komm, Kind,
und hör, was ich dir sagen
muss:
Nicht Magie noch Teufelei
hatten hierbei ihre Hand im Spiel.
Allein die Herren Nimmersatt
hielten nichts von einem Schluss.
Reichtum und Macht - das war ihr Ziel.
So war's, mein Kind.

Komm, Kind,
und zweifle nicht an meinem
Wort.
Ich ahne deine nächste Frage schon.

Verhindert haben wir die Dinge nicht,
sind müd' geworden, lange vor der Zeit,
zögernd besetzten wir den falschen Ort,
übten zur falschen Zeit Verzicht.
Leider, mein Kind.

Komm, Kind,
und sieh mit mir den letzten
Stern,
den hellen Sirius,
am Abendhimmel stehen.
Komm, leih ein letztes Mal dein Ohr
der Erdmusik. Sie spielt von fern
und wird im Morgengraun verweh'n.
Mit uns, mein Kind.

urspünglich geschrieben für eine Ausstellung im Wendland
(Widerstand gegen das Endlager Gorleben 1996)


*Margret Silvester*

**Die Ballade der Steine**

Auf breitem Fuße unserer Berge
ward groß das Lager aufgestellt.
Die Kumpanei umkreist des Abends
feuriger Wärme Flaschengrün
und hohle Köpfe faseln Leere.

*Da liegen wir -*
*bemoost und hart,*
*felsig von außen und von innen*
*in Ruhe unerschütterlich,*
*Taubheit im Ohr*
*und Auge - bis tief drinnen.*

Wenn braungefärbter Kampfgesang ertönt,
dann gilt das Recht der lauten Stimmen
und schreit sich selbst das Echo
aus der Lunge, derweil die groben Stiefel
an den Füßen Beifall trampeln.

*Es schüttert uns -*
*nicht wie das Beben,*
*kennbar und mit uns verbunden*
*seit der Zeit der Wache.*
*Hier und jetzt,*
*heut Nacht - in ein paar Stunden.*

Einstieg ist geplant und ausgeführt
im Morgengrauen dieses einen jungen Tages;
traumumwoben wartet frischer Tau auf erste
Strahlen einer Sonne, die gestern, heut und
morgen den Lebenskreis des Wassers neu entfacht.

*Noch ruhen wir -*
*verharrend an dem Platz,*
*der unser steinernes Gewicht,*
*der unseren Abdruck hält.*
*Bislang. Im Augenblick.*
*Wartet - gleich. Uns hält er nicht.*

Gefährlich weit, zu weit sind sie gestiegen,
der Abgrund hat sie nicht geschreckt.
Kein Tau ist mehr, kein Gras, kein Atem
in dem Morgen mehr zu hören, der jung
und freudig auf die Erde trat, um alles zu erleben.

*Wir sind Geröll - wir haben sie begraben*
*und liegen jetzt an neuem Ort*
*Für lange Zeit,*
*niemals für ewig.*
*Die Kumpanei, das Lager - fort.*

Ausgestellt in: Steinerne Zeichen im Text; eine Ausstellung im Wendland zu den
Widerständen dort und anderswo Pfingsten/Wunderpunkte 1996

*Xenia D. Cosmann*

**Berliner Mauer ohne Mauer**

Kalt ist es.
Viele Nächte haben
Geheimnisse
in sonnenloser Trockenheit begraben,
die zu enträtseln
keiner noch zu denken wagt.
Der Sand ist stumm.
Wer wird dereinst genug erschrecken,
um ohne Not
die Toten zu entdecken,
die schon zuvor nicht recht gelebt?
Nicht recht?
Nicht recht!
Der Sand deckt halbe Kinder.
Die sie getötet haben werden alt
selbstgerecht, ohne Gewissen.

*Xenia D. Cosmann*

**Maienmorgen**

Ganz unbekümmert pfeifen früh die Finken,
und Star und Drossel trillern fehlerlos.
Hell gegen Dachgebirg' und Gibelzinken
blüht hoher Himmel, makellos.

Der Flieder schüttet seine dunklen Düfte
so unvermittelt über Stein und Zaun
in linde, märchenblaue Frühlingsdüfte,
man wagt der eigenen Nase nicht zu trauen.

Der Mai verzaubert jede Mauerbresche
mit Glanz und Grün und Regenbogenglück.
Ich grüße Linde, Ahorn, Eberesche
und wünsch' mich nirgendhin zurück.

Der Mai hat seine ganze Macht gebündelt,
unscheinbar blaß wird die Vergangenheit,
und jede Traurigkeit wirkt wie geschwindelt:
Das ist jetzt Glück, und jetzt ist Ewigkeit!

*Xenia D. Cosmann*

**Pergamon**

Wo die Götter kriegten,
fielen Giganten,
als die Götter siegten,
blieb Leere,
tote Helden
stehen nicht aus Gräbern auf.

Wie die Tempel fielen,
flohen die Musen,
auf den Leiern spielen
die Winde,
die Altäre
bleiben ohne Rauch.

Weil die Beter starben,
kamen die Geier,
fraßen und verdarben
ihr Gebein,
Totenäcker
werden nicht bestellt.

Selbst die Götter wandten
ihre Blicke ab,
in den Mauern wanden
Efeuranken
sich um jede Spur
von Menschenhand.

*Erich Adler*

**Frühlingsbotschaft**

Der Vogelkasten meiner ergrünten Eiche
liegt morgens still unter dem Baum
was ist geschehen
mürbe das Holz
die Schraube rot und rostig
noch in der Rinde
ich öffne den Kasten
drücke den Schieber ins Innere
heraus stürzen
vertrocknete Schnäbel und Knochen
zwischen dem
was einmal ein Nest war vor
diesem Winter
vor diesem Sommer.


*Erich Adler*

**Voyeur meiner Gärtnerin**

Zwischen deinen Rosen
gehst du umher die
dreiste
Schere zwischen die Dornen
getaucht eilt sich
am Siebenschläfer vom ermüdeten
Frühling aus schon die anderen
ruchlosen
Jahreszeiten im Blick

Sieben Wochen verschärfte
Aussicht
auf
Rosa romantica.

*Erich Adler*

**Morgendliche Poetologie**

Wo sind deine Mauersegler frage
ich meinen Nachbarn wir
blicken gemeinsam hoch zu den stummen
Nistkästen
unter der Rinne

Wohl längst schon im himmlischen Spanien
ist die flüchtige Antwort
königsblau

und die Kotspuren der schrillen Brut
haben an der getünchten
Wand
chiffrierte Denksteinchen
hinterlassen
wandernd über meine schwimmende Netzhaut
reisen still
den ganzen Tag
hinterher.


*Erich Adler*

**Herbst**

In meinem Garten
bewachen die Stühle des Sommers
den leeren Tisch
Gespräche und Blicke über das Weinglas
Die ersten Blätter der Eiche
unterm dunklen Auge des Vogelkastens
färben das Gras.

*Erich Adler*

**Port-au-Prince**

*Für Hans Bender*

Nach dem Hurrikan Hanna
Boote wie zum Winter geschichtet
auf dem Bildschirm
das Gesicht eines Kindes mit geschälter Haut so
weiß
blättert
die Rinde meiner Straßenplatane
mir auch in diesem Herbst auf
den Tisch

Zwischen vier Zeilen des Kölner Dichters
Tasten
nach Ahorn und
Frucht.


*Erich Adler*

**Herbstanfang und ...**

wieder scharren meine Amseln im
Trockenbach drücken sich
tiefer am Boden
pickend mit trippelndem
Schritt was der Sommer
vergaß

Gestörte Gelassenheit - vom Kompost aus
betrachtet
spende ich Gräser Asseln und
Blätter.

*Erich Adler*

**Winter Gelobtes Land**

Einen Schritt vor die Tür setzen
unter die Sonne
den Himmel
hinein in den blauen
Mut

zwischen Wänden
den Häusern
kein Wasser
kein Strom

selbst Kinderhänden wächst
an vermauerten Herzkammern kaum
Medizin zu
im verwundeten
Neujahr der Grenzen

Dem kleinen Ghasan gingen Bruder und Jahreszeit
durch Panzer verloren

und wirft einen Ball in den kalten Raum
ganz vertieft ins Vergessen.

*Sebastian Schimmel*

**Transit** gestreckt, wir führen uns gegenseitig heim
Und bedenken uns erneut beim Klacken des Stahls
Trost im Wort ist der verborgene Wunsch zu handeln
Wir lassen uns fahren, anstatt selbst zu sein
Mancher Draht am Kehlkopf, den wir selbst anlegten
Und dürsten nach Zielen wie der Norden nach Süden
Hausgebackene Steine im züngelnden Wind
Wie Einsiedler tragen wir unser Dach umher
Überwachen und stopfen die regnenden Löcher
Treibst du mit mir oder mit einer Furcht
Geleiten wir uns in den Kummer hinein
Geraten wir klirrend hinaus auf Wege
Wie wir jetzt einen sehen in unserem Nebel

*Sebastian Schimmel*

**Gras, grün**

kommt diese
Geschichte vielleicht mit Sonnen strahlend
erhellt sie die Spur
grauer Gänse Schatten
die im Chor
flattern wie Lämmerbeine
vor der Schlachtbank
einen Blick zum Himmel werfend
Pfeile die von hier Verschwinden
zeigen wollen
weg
Gesehen
die letzte Hoffnung
die bei Freunden schon heraus
gerissen aus dem Kopf
tropft auf grüne Kacheln fast
wie Gras
grün wie mancher Kreiß
Saal
wo das Gras geboren wird
oder Schlachtbank
oder Tod
wo die Konzentration
lagert Stätten die
uns Kinder essbar macht
und Knochen sprühen aus einer
Wand in eine
Freiheit doch
vor dem Aus kehrt das Ein
Kinder fahren an den Hinterbeinen Kran
Herz
klopft kopfüber
sieht sein Blut Bruder werden
mit einer Pfütze Freunde
die auf dem Grasgrün rot
verlaufen

*Sebastian Schimmel*

**Resolut**

Wir haben gedacht
Die Hände hoch gehalten
Wären wir sicher
Ein Trug war das
Die Hoheit ein Greis doch
Flink wie das Licht
Der Schatten lief ihr ums Leben
Stach ins zielende Fleisch
Er starb
die Meisten von uns

In einer Nacht
Dem Tode gediehen
Verwischt in uneiner Zeit
Das Moor haben wir uns
Gesehnt für sie
Violinen spielten die Grenzen
Die Pfähle berstende Waffen
Versiedet waren die Arme
Wir starben
die Meisten für sie

*Stefan Senger*

**Zukunftsmusik**

Es wird eine Zeit kommen,
da wird die Welt dröhnen von donnernden Worten,
der Bass der Bomben wird auf den Schlachtfeldern hallen,
das Staccato der Kanonen
und das Röcheln der Sterbenden.
Daheim kreischen die Mütter.

Der Dirigent gibt den Takt mit der Sense.

Es wird eine Zeit geben,
der lauten und lärmenden Zentren,
aber draußen in den Waldfetzen - da hört man die Stille,
einzig der Chor der Ratten erhebt seine Stimme zum Himmel.

Es wird eine Zeit geben,
da pfeifen gellende Stürme über das Land,
krachen Blitze auf die Erde,
rauschen Wasserfälle vom Himmel,
knirscht Eis auf den Kontinenten.
Leise breitet sich Wüste aus.

Es wird eine Zeit kommen,
da platzen spröde, trockene Lippen,
da knurren räsonante Mägen,
da morsche Knochen knackend brechen,
da unter unseren Füßen Abfall raschelt und knistert
und Chemie in den Gewässern blubbert.

Die Sense dirigiert den Lauf der Welt.

Die Zeit ist nahe
für ein Solo Lachen,
für ein Tutti Weinen und Wehklagen,
für ein Sole Freudenschreie,
für ein Tutti Schluchzen, Stöhnen und Seufzen.

Bald, allzu bald!

*Norbert Rheindorf*

**Übers Wasser**

Die Sonne
spielt im Schilf verstecken
huscht hier und da
übers Wasser
tanzt auf den Wellenkämmen

am See
auf einer Decke
im hohen Gras
schläfst du
ein Buch
aus der Hand gerutscht
schenkst dein Gesicht
der Sonne
meine Augen
nehmen mein Herz mit
übers Wasser zu huschen
zu tanzen
auf den Wellenkämmen

*Norbert Rheindorf*

**Papierschiffchen**

Die Schiffe liegen im Hafen
mit nackten Segelmasten
überm Wasser Nebel
aus Ungeduld
warten
wird zur Folter
getakteten Lebens
jeder ungenutzte Wellenschlag
ein Dorn im Fleisch

ich setze die Zeit
auf ein Papierschiffchen
lass die Stunden raus treiben
aufs Meer
und gute alte Sehnsucht
als Drachen steigen
dass er Ausschau hält
nach ihr

das Meer
schickt seinen Dank
in den Hafen gleitet
voll beladen
mit leichtem Herz
am Abend
mein Schiffchen

*Waltraut Lühe*

**Frauen erwacht!**

Frauen erwacht,
erkennt eure Macht.
Lasst euch nicht zwingen
zu all diesen Dingen,
die Männer erdachten
und euch abhängig machten.

Wollt ihr nicht verlieren,
keine Angst mehr verspüren,
benutzt die eigene Kraft,
die Selbstvertrauen schafft.
Frauen erwacht,
zeigt eure Macht!


*Waltraut Lühe*

**Weiblich**

Als Mädchen vom Vater verachtet,
als Frau vom Mann gedemütigt,
als Greisin von den Kindern entmündigt.
Im Grabe mit Blumen geehrt.

*Waltraut Lühe*

**Was zählt in dieser Welt**

Artig sein, das ist sehr schön,
doch kann man damit nicht viel beseh´n.
Wer bescheiden ist und Rücksicht nimmt,
wird dafür nicht belohnt.
Zarte Seelen passen nicht in unsere Zeit,
das begreifen viele Leut.
Sie werden verlacht und abgedrängt,
bis sich wieder mal einer erhängt.

Es zählt in dieser Welt
nur Reichtum, Ruhm und Geld.
Große Klappe, nichts dahinter,
kaltes Herz, nicht nur im Winter.
So sind die Helden unserer Zeit,
das begreifen viele Leut.
Sie werden bewundert und sind ganz groß,
bis wieder mal einer fällt vom hohen Ross.

Ein jeder wählt für sich allein,
bleibt er ein Mensch oder wird er zum Schwein.
Soll er skrupellos den Weg zur Macht erstreben
oder wird er das Glück in der kleinen Welt erleben.
Das sind in unserer Zeit
die Gedanken vieler Leut.
Bis ans Lebensende werden sie die Zweifel plagen,
ob sie die richtige Entscheidung getroffen haben.

*Waltraut Lühe*

**Die Kaffeeköchin**

Als gute Bürokraft war sie in der Firma bekannt,
die Arbeit ging ihr wieder gut von der Hand.
Aber dann kam der Chef ins Zimmer herein,
solche Störungen müssen doch wohl nicht sein.
Er wollte sowieso nur immer das gleiche von ihr
und er sagte es eilig und hektisch gleich an der Tür:
„Für die Besprechung mit drei Herren aus dem Westen
kochen sie bitte Kaffee, aber nur vom Besten."
Sie antwortete artig, die „Krönung" sei sehr gut,
doch in ihrem Inneren regte sich die Wut:

Warum wollen alle Männer nur immer bedient werden,
denken die denn, sie sind die Götter auf Erden!

Der Arbeitstag war noch recht mühevoll und lang,
dann war endlich Feierabend, Gott sei dank.
An der Schwelle zur Wohnung hörte sie schon,
wie ihr Mann sie empfing mit lieblichem Ton:
„Ach Liebling, wie freue ich mich über dich,
du bist die beste Kaffeeköchin für mich.
Stell doch bitte gleich die Kaffeemaschine an,
es warten schon unser Sohn und dein lieber Mann."
In der Küche seufzte sie leise vor sich hin:
„Ist das meines Lebens Sinn?"

*Waltraut Lühe*

**Die „Muss"-Ehe**

Groß war die Liebe,
dringend das „Muss",
es folgte die Hochzeit,
dann der Verdruss.

Das Kindchen war da,
ganz aus Versehen,
die Eltern begriffen nicht,
was war geschehen.

Das Kindchen war niedlich
und fein anzusehen,
die Frau hatte ihre Freude
und fand es schön.

Der Mann sorgte fürs Geld,
jeder richtete sich ein,
und die Ehe war glücklich,
jedoch nur zum Schein.

Der Mann ging arbeiten,
die Frau tat ihre Pflicht,
der Mann war unzufrieden,
die Frau verstand ihn nicht.

Er vertrug nicht den Alltag
mit Frau und Kind,
die Liebe starb
in der Ehe geschwind.

Von seinem Zuhause
wollte er fort,
der Mann suchte,
fand keinen besseren Ort.

Für beide gab es
im Leben keine Wende,
sie blieben zusammen
bis ans Lebensende.

Ein uneheliches Kind
in vergangener Zeit
war eine Schande
für ehrbare Leut.

Eine erzwungene Ehe
ist die wahre Sünd,
sie wurden nie glücklich
Vater, Mutter und Kind.

*Eva Trendel*

**Gut genug**

Müde und schwer ist mein Kopf,
schwermütig und ermüdet all seine Gedanken,
die sich ungnädig trennten
von der Leichtigkeit des Herzens,
das nur seiner Stimme
zu folgen versuchte.

Sie nagen, drängen, brennen, stechen,
so unbarmherzig in Gesellschaft;
doch dort in zweisamer Stille
verwaschen ihre Kanten,
verstumpfen ihre Spitzen,
ersticken ihre Flammen,
so unmerklich rasch,
als ließen sie sich ehrfüchtig zähmen
von den endlosen Tiefen
deines weichen Blicks.

Nur diese eine Antwort
flehe ich
mir nicht zu verwehren.
Warum nur
ist es mir nicht gewährt
zu fühlen,
was du mir stets
zu verstehen gibst,
in jedem einzelnen
deiner Atemzüge?

Dass ich gut genug bin
für dich.

*Marina Krug*

**In der Kolonie**

In den Linien
deiner Hände hetzen
sieben Jahre Amok weltenleise
Königin Erinnerung bist
du tot oder zu Staub
verstellt?

Im Osten der Trennung stupide
kriechen Ameisen bergauf
bergab. Nachtalp liegt auf deinen
Augen als würdest du
Pfade zur Heimat
erkunden.

Deck über diese Lebensseite
deine Wimpern.
Die kleinen Tiere und ihre
rötlichen Spuren
bezeugen
nur Blindsein gezogen um
einen steinernen Mund.

Zu dieser Stunde kehre
nicht um,
sondern betrachte im
Traum wie bizarr die Farbe
Kindheit lächelt.
Kratz dein Zeichen noch
einmal in ihr
Hüttgespinst.

Bevor unter statischen
Sesseln gleichförmig der Sand einer
märkischen Kolonie
sich sammelt.

*Marina Krug*

**Dort**

1000 Kilometer
hinter Moskau fror jede
deiner Tränen hart im Fall.
Irrend in fremdes Land gerufen belauschst
du spottende Hasen die
heimlich dein Stück
Geschichte vergraben.

Allein ein Dornenfrosch rieb sich das Lid
von alten Kriegern zum Publikum
geblasen seine Därme
zerstochen das metallene Gewand
wenig weiter
verkauft.

Diademe werden teurer
Saubermensch auf bräunlichem
Papier erinnert man dich hinter
einer Dogge
deklamierend.

Im süßen Vertraun im Hurenhaus
ruhst du rebellisches Kind ein
Signalhorn verklingt.
... und die alten Lieder singen ...
für dich.

*Sibyl Quinke*

**Ich wandle am Ufer der Styx,**
dich suchen, treffen
den Weg, die Brücke finden,
die zu dir führt.

Der Wind raunt durch Silberpappeln
im Rauschen grüßt der Hades:
Es ist noch nicht deine Zeit.

Bleiben meine Gedanken als Brücke zu dir.


*Sibyl Quinke*

**Ewig wird endlich**
heiß ersehnt
der Aufbruch.

Daheim
das Bollwerk
Hort der Kindheit
bleibt
verspricht Schutz
jederzeit verfügbar,
das Refugium

die Oase
trocknet ein.

Plötzlich
wird Ewig
endlich.

*Sibyl Quinke*

**So bleich,**
so wächsern
du liegst da
und doch
gibt es dich nicht mehr.

Spuren des Kampfes
zeichnen dein Gesicht.

Ruhe gefunden.


*Sibyl Quinke*

**Der Minimalist**

Schattenaugen
langsam die Bewegung
Schritt um Schritt gestützt
sucht die Hand
das Glas stillt Durst
Lebensdurst
Lebensrest
reduziert auf die Ohren
verschwinden die Konturen
im Grau.

*Sibyl Quinke*

**Gong - Solo**

*für Pina Bausch*

Gedenken an Tanz und Theater
Begegnung in Stille und dann
der Gong.

Die Luft vibriert, das Metall, die Zuhörer:
Gong - Solo - ein Konzert:
Beginnt mit Stille;
Konzentration und
der Gong zärtlich
berührt, streichen leise
Finger über das Erz:
Das Timbre spüren, kaum zu hören.
Beben durchdringt die Scheibe und
Töne geschnipst, gewischt.
Die Aufhängung mit dem Geigenbogen
zersägt kurz den vollen Klang -
wieder der gestrichene Schall und
Fäuste auf Bronze, Handflächen
klatschen auf die Scheibe
tief-dumpf der Hall.

Im Rauschen das Schaben der Hände
ein Riß quer über die Oberfläche gezeichnet
mit Fingerspitzen gekratzt.
Gläserne Schlegel auf den Rand geschlagen:
schrill die Antwort - von samtenen
aufgenommen und weich gezeichnet.

Schwarz der Akteur
Schweißperlen rinnen von der Stirn
Herr und Diener des Gongs
für die große Tänzerin.

Der Schall rauscht durch das Kirchenschiff
Meditation in dunklem Rhythmus
im steigenden Takt einer Galeere und
der Zuhörer durchdrungen von
überirdischem Donnern - ,
Flugzeuge mit Überschall durch die Apsis -
stoppt er
an die Schale gelehnt -
dämpft die Note,
streichelt die polierte Legierung;
die Scheibe zittert unter Samt und
Gummiball, den Boden entlang, schrappt, schnurrt,
verschwindet im Nichts, im Nirwana -
Begegnung mit Pina.


*Sibyl Quinke*

**Du liegst vor mir wie ein zerfetztes Handtuch**
Du warst doch mal ein starker Mann.
hast mir gezeigt, welch Wege möglich waren,
doch jetzt die Kraft geraubt trotz Gegenwehr.

Die Zeit wie nagte sie an deinem Körper
so zart, gebrechlich siehst du aus.
Gevatter schreitet still durch deine Türe
reicht dir die Hand, geleitet dich nach Haus.

*Sibyl Quinke*

**Mekong-Delta**

Zu den neun Drachen
vorbei an Kautschukbäumen
schräg angeschnitten fließt das
weiße Gold in angehängte Becher.

Seit an Seit in flachen Kähnen
Kolonialwaren und Obst
wechseln in regem Treiben
ruhig und stetig ihre Besitzer.

Die Wohnhütte, gebaut aus Schilf.
Wellblechdach über der Werkstatt
offen, ohne Wand und auf Stelzen:
angedockt die Boote schaukeln.

Am Bug wachen Osiris-Augen,
schützen sie vor bösen Geistern.
Verborgen im üppigen Grün bleiben
Reiher, Schlangen, Tiger, Affen.

Das Boot gleitet sanft zwischen
Schlingpflanzen zum Haus;
Zugang nur übers Wasser und
Reisstärke fließt aus zu Papier.

Wasserspinat und Frühlingsrolle
wird im Schatten kredenzt
zwischen Paradies- und Jackfrucht
und dem Haustier: Der Königspython.

In der Ecke die Destille
für den Schlangenschnaps,
schützt er vor Unbillen
heilt und stärkt die Potenz -

und dann zurück in den
Puls von Saigon.

*Sibyl Quinke*

**Halong-Bucht**

Schimmernd, glänzend das Wasser
in den Furchen und Tälern,
die der Drache schlug, als er
aus den Bergen stieg und
im Meer verschwand.

Kegelförmig und senkrecht,
ragen sie aus dem Naß -
die Felsen - schroff -
bedeckt mit Flora und Fauna,
ansonsten unberührt.

Vogelschreie - unterbrochen vom
Knarren des Holzes
und doch:
unmerklich, backbord das Boot,
Kinder bieten Bananen feil.

Ihre Behausung spiegelt sich
in der glatten Oberfläche
ihr Leben im feuchten Dunst.
Und wieder allein
umhüllt von einem Hauch von Nebel:

Im Labyrinth der Felsen,
die der Drache schlug.

*Sibyl Quinke*

**Cholon***

Zwei Busbahnhöfe und
der schwarze Schwarm der Mopeds:
Der Markt saugt dich über Tore ein
zieht dich ins Treiben - quirlig -
versorgt dein Leben in Rot und Orange;
Elektro-, Plastik, T-shirts
über zwei Stockwerke und
zwischen ihrer gelben Haut
ein Graham Greene.

Garküchen - die Nudelsuppe
zum Frühstück als Snack
getrocknetes Meer:
Tintenfische, Haifischflossen,
Schrimps, Garnelen und Muscheln,
geschmort, gedämpft, frittiert
mit Schwalbennest und Entenfüßen
mit offenem Mund geschmatzt
und der letzte frisst sich satt.

Grüner Jasmintee und der
von Chrysanthemen fürs
Gemüt und über allem der
göttliche Segen von Quan-Am.

*Cholon ist der chinesische Markt in Saigon

*Michael Starcke*

**ganz ohr sein**

ganz ohr sein
für die vogelstimmen
an einem verregneten morgen
bei geöffneter tür,
für die nachricht
der regentropfen.
in der zeitung lesen wir die todesnachrichten,
als wäre das leben
damit vorbei,
obwohl mancher
befreit sein mag,
obwohl er in gedanken
der mensch bleiben mag,
den wir liebten,
fröhlich und freundlich,
dessen kummer verloren ging,
die enttäuschung
einer gescheiterten liebe,
die enttäuschung,
verkannt zu werden
und unentdeckt zu bleiben
als träumer und revolutionär.
manchmal wird er uns noch
begegnen mitten am tag
als einer von den selten
gewordenen engeln,
um uns aufzufordern,
ganz ohr zu sein
für das summen der bienen,
für das schweigen des schnees,
für die stimme
in unserem inneren,
die uns rät,
aber nichts verspricht,
die erinnert,

ohne der gefahr zu erliegen,
etwas zu versprechen,
was nicht sein kann,
was nicht sein wird.

*Michael Starcke*

**das hat was**

die augen der kanzlerin
geschwärzt,
das hat was,
ebenso die sinnlosigkeit
von wahlplakaten.

politik
in diesem land hat
etwas unverbindliches,
wenig eindeutiges,
glückselige straflosigkeit.

manchmal der eindruck,
die politiker wären
vom himmel gefallen,
direkt vor eine kamera,
direkt vor ein mikrofon,
das sie
bis in den käfig des gehirns
verfolgt.

sie werfen sich
in die brust.
das hat was
von einem leuchtkäferleben
und hilft über die enttäuschung
der wähler, des wahlvolks hinweg,
das die erde um die sonne dreht.

es wird viel geredet,
aber wenig gesagt.
das hat was
vom knarren eines stuhles
oder vom fernen gestotter
eines defekten hubschraubers.

die augen der kanzlerin
geschwärzt.
das hat was
von der autobiografie
eines noch zu schreibenden buches.


*Michael Starcke*

**„wie ein blatt im wind"**

einmal
war ich auf der welt
im himmlischen fall.
taumelnd im wind
lauschte ich
seinem gespräch
mit den bäumen.

einmal
war ich auf der welt,
schatten
einer sanften berührung,
kräftig und zart
wie insektenflügel,
ein schicksal von vielen.

einmal
war ich auf der welt
ein glühwürmchenleben
lang, tiefsinnig,
still die farben wechselnd.

jemand,
der mich sah,
glaubte, ich wäre gemacht,
die kürze der zeit
als sinnbild zu manifestieren.

einmal
war ich auf der welt
befügelt,
beschönigt,
gezaust,
besänftigt
nach jedem sturm,

ein blatt im wind,

das fällt,
wenn es stirbt
und möglicherweise
unbekümmert landet
auf einem offenen buch.


*Michael Starcke*

**wer weiß**

wer weiß,
was der tag
bringen wird,
wenn die straßenlaternen
verlöschen, der traumtänzer
nebel sich lichtet,
ein blick erwidert wird,
als widerspräche er
der ansicht, dass
unser leben
nur noch erinnerung sei?

in glas wasser wird
vielleicht gereicht
wie ein beruhigungsmittel
oder ein lachen wird
zu hören sein
wie lange nicht mehr.
in einer tür wird
vielleicht ein schlüssel
stecken gelassen
oder wir werden uns
daran gewöhnen, auf
gepackten koffern zu warten.
herbstblumen werden verkauft.
es wird telefoniert
oder ein geständnis
steht unmittelbar bevor.
wie fühlt sich das an,
wird vielleicht gefragt werden,
einsam zu sein
oder auf einer straße
zu überleben, ohne
auf wanderschaft zu sein?
vielleicht wird aufmerksamkeit
einem lichtblick gewidmet
oder der selbstmordgefährdung
eines augenzeugen.
vielleicht spricht man über politik
wie über einen versuch,
der misslang,
aber wiederholt werden soll.
vielleicht geschieht ein wunder,
das keines ist,
nur eine hellsichtige entscheidung,
wer weiß?

*Michael Starcke*

**mein zuhause**

hellblau der himmel
über meinem zuhause,
hellblau wie der sommerhimmel,
horizont
meiner möglichkeiten.

hier
in der obhut der toten,
die im traum noch leben,
wird mir erbarmen zuteil,
unversehrtheit des körpers.

hier begrüßt mich täglich
mein letztes wort,
lotet stille das maß
aus multipler trauer.

spracherwerb
lautet das losungswort.
krempel und klamotten
können nie bunt genug sein,
um sich als glücks-
schmiede auszugeben,
eingeständnis einer liebe,
die gepflegt verwildert.

abendrotrot der himmel
über meinem zuhause
und neben dem telefonhäuschen
vor seinem fenster
allem anschein nach
scheuer violetter mohn.

*Michael Starcke*

**jeden tag**

jeden tag
das bekannte,
mühevolle kennenlernen,
die flugzeuge
am himmel
wie aus einer
anderen welt
hinter wolken.

jeden tag
das bekannte
sich überwinden-müssen,
schöne, schreckliche natur
wie im traum,
ein leerer stuhl,
der zukunft
schnarrende stimme.

jeden tag
exil und asyl,
ein gedächtnis
aus dunklem gestein,
unwiderrufliche bilder,
herzschlag,
schlaganfall,
die freude, bei
der geburt vertauscht
gegen angst.

jeden tag
das warten,
dass der schmerz nachlässt,
dass die erinnerung
ein einsehen hat
und die mutter,

die ihre toten kinder
identifizieren muss,
sie lebendig
in die arme schließen kann.


*Michael Starcke*

**dieses wetter**

dieses wetter ist keines,
das ich träume
und diese passion der worte
habe ich mir nicht ausgesucht.
eines schönen tages
hat sie mich
für sich eingenommen,
mich und mein talent zu schweigen.

dieses wetter hat mir
einen himmel beschert,
an den ich zunächst nicht glauben wollte,
einen der mich ständig begleitet
wie mein notizbuch
und mein verstellter,
unverstellter blick auf die welt.

die weite dieses himmels
erhebt und erniedrigt mich,
je nach dem.
manchmal lockt mich sein blau,
mit dem fahrrad zu fahren
oder einen see aufzusuchen,
in dem er sich spiegelt,
erde zum himmel,
himmel zur erde,
bewölkt oder wolkenlos.

manchmal erzähle ich von himmel und wetter,
beliebte themen,
obwohl es nicht immer
in die tiefe geht oder
jemand fragt, was dahintersteckt,
schriebe ich dieses und jenes,
ohne jedes mal zu überlegen,
ob es notwendig ist.

notwendig, finde ich,
sind liebeserklärungen
und schön,
wenn sie jemand öffentlich,
vielleicht im radio,
von sich gibt,
das ich immer laufen habe.

aber auch im stillen abgegeben
sind sie gut und unwiederbringlich.


*Michael Starcke*

**dank**

dank
für diesen wintertag,
den schnee,
der gefährlich werden kann,
aber auch schützt
und mein herz berührt.

dank
für die alten themen,
liebe und tod,
die unbeantworteten fragen,
wofür, wieso und warum?

vielleicht,
dass man auf den friedhöfen
antwort finden kann,
an einem grab,
in dessen hecke
ungesehen vögel brüten.

dank
für mein leben,
hundert freuden
melancholie,
eine verwehte spur im schnee,
ein menschliches bild
in der an katastrophen
reichen geschichte.

dank
für jedes wort,
das gefunden
ausgesprochen werden sollte,
aber auch verschwiegen
ein letzter trumpf
sein darf
für das,
was wir versöhnung nennen.

Michael Starcke

**eines noch**

mein blick auf die straße
im zwielicht
eines trüben wintertages:
in niemandem,
der, blicke wechselnd,
vorübergeht, kann ich
(m)einen mörder erkennen.

liebe, was ist das,
menschenliebe?
wenn ich ihn fragte,
würde mir jeder vermutlich
etwas anderes sagen
aus seiner sicht.

die häuser, fest und stabil,
verraten nichts von dem,
was sich hinter ihren mauern tut.
angeheitert torkelt jemand
reimlos singend aus
der geöffneten tür
einer kneipe.

eines noch:
immer wird jemand
das schreckliche,
das geschehen ist, leugnen.
wer ihm vergibt
wider besseres wissen,
kann auch etwas dafür.

und auch der, der andere
ohne ihr wissen bespitzelt,
ist verantwortlich
für seine entscheidung,
ein süffisant
lächelnder heuchler.

mein blick auf die straße
im zwielicht
eines trüben wintertages,
sieht auch natur,
wie sie ist, ehrlich,
aufrecht, trist jetzt,
aber nicht verbogen.

*Michael Starcke*

**weihnachtsfahrt 2008**

auf gleisen
vollzieht sich der wille der bahn.
nach der vorweihnachtszeit
zeigt sich der abendstern
zutraulich
wie birken im nebel
oder wie mein glaube
der wortkarger ist
als meine gedanken
beim anblick
zerbrochener fensterscheiben
einer verlassenen bahnmeisterei.
die vögel am himmel über mir
erinnern mich
an die schönheit
eines verloren geglaubten
manuskriptes.

*Michael Starcke*

**mit gebrochenem flügel**

kehre ich zurück
in die welt mit
gebrochenem flügel,
werden sie immer noch
sagen, ach, wie
die zeit vergeht.
sacht wankend
werden noch immer
häuser stehen und
mohnblütenrote rosen
wuchern an den zäunen
der gärten. katastrophen
wird es weiterhin geben
und antworten verweigert werden
aus persönlichen gründen.
vielleicht kann ich mich
noch einmal wie zuhause fühlen
auf einem felsen am meer
und den traum vom fliegen
fortsetzen, fremd
im eigenen leben.
abendregen wird leutselig
die rauchblaue flugbahn
meines gedächtnisses streifen
und ein zeitloser schnaps
wird mich vielleicht auf
die ideen bringen,
das rad der zeit
zurückdrehen zu wollen,
um mich als kind zu erkennen,
schmalschultrig und zart,
mit einem federschmuck
auf dem kopf,
der das gespenst
vom tiefen fallen
ablenken soll.

*Stefania Galassi-Edwards*

**Müßige Feder**

Vorhänge
halbgesenkt
versperren dem Himmel
von oben herab
den Weg
zu mir

Diesseits kämmen
tausend Tränen die Altrosawände
kein Sonnenstrahl weckt
dieses Gusseisenbett
zwischen Falten
der verschlafenen Decke
Wörter wie Perlen
tief versunken
erblicken noch nicht den Faden
der ihnen ein Schicksal gibt

Hell läutet der Mittag.
Unter zerrissenem Schatten
mit Tinte befleckt
hockt die Angst.
Was wollen die Glocken
von mir?

Vorhänge
halbgesenkt
klagen unter dem Druck des Tages
die Nacht vielleicht
gibt im Traum
den verlorenen Faden
zurück.

*Stefania Galassi-Edwards*

**Abschied**

Lang ersehnter Sturm
heb sie hoch
die nackten Äste,
diese hohlen Knochen
trag sie rasch
im Wirbel
einen, zwei
tausend Schritte
weg
vom dichten Wald.
Kein Erbarmen
beim Entreißen
kein einziger Wurzelfaden
darf in dieser Erde
bleiben.
Ganz und allein
will ich in dir zerfallen.

*Stefania Galassi-Edwards*

**Schnee von Gestern**

Schnee von Gestern
liegt vergessen
auf stumpfen Zweigen
im nächtlichen Nebel
sind sein Licht
die Lust
die Leichtigkeit vergangen

In versteinerter
grauer Monotonie
unter der Last des Seins
hat sich der Traum
in dürres Eis verwandelt

So verfällt der Himmel
der sich auf die Erde wagt

Trist und lautlos
schmilzt die Erinnerung
an Sinnenflüge
sorgloses Schweben
Versprechen der Ewigkeit
der Liebe

*Karin Ossenberg*

**Zeichen der Zeit**

Zeichen der Zeit in den Zeilen der Zeitung.
Zur Zeit der Stille am Abend.
Geheimnisse, zehn an der Zahl.
Ich zähle die Tage.
Zahn der Zeit.
Zeitzeugen.
Zeitlebens im Zuge der Zeit.
Ich gehe zeitig.
Zeilen, die bezaubern.


*Karin Ossenberg*

**Glanzlichter im Mittelmeer**

Orientalischer und mediterraner Mond
über den Hügeln des Mittelmeeres.
Reflexe im Wasser.
Sonnenstrahlen im Sand sind vergangen.
Ich liebe die See,
das Meer der Erinnerungen.
Schwimmen auf weißen, schaumigen Wogen.
Muscheln im Sand.
Ich hebe sie auf und betrachte sie.
Später werfe ich sie weg
und bedaure es nach einiger Zeit der Grübelei.
Sie beleben meine Sinne.
Meine Stimmung wogt auf und nieder.
Hätte ich alles zuvor geahnt.
Ich sehne mich nach dem Unbestimmten.
Ach, wäre mein Verlangen in Erfüllung gegangen.
Spuren in der Dämmerung.
Was bedeuten diese Zeichen?
Und wieder sind Nacht
und Vollmond.

*Günther Bach*

**Verdienste**

Auf der unübersehbar
nach oben offenen Ackermann-Skala,
die das Einkommen
der deutschen Topverdiener verzeichnet,
erreichen die Zahlen erneut
traumhafte Werte.

Demgegenüber ist zu vermerken,
dass in Fragen des Mindestlohns
jede Bewegung stagniert.
Insbesondere in Verbindung mit Attributen
wie „flächendeckend"
ist nach Meinung
von gutbezahlten Experten
der Ruin der Wirtschaft
nicht mehr zu vermeiden.

Gewisse Zusammenhänge
sind da nicht auszuschließen.

Derart gut informiert
verkündet denn auch Frau Ungelenk
mit warnender Stimme,
dass es mit ihr nicht zu machen sei.
Statt dessen
empfiehlt sie ein Ende
der Neiddebatte.

Doch die Erklärung dafür,
dass jemand an einem Tag
soviel verdienen soll,
wie ein anderer
in einem ganzen Jahr
kann man von ihr
wohl auch nicht erwarten.

*Günther Bach*

**Justitia**

Früher, so heißt es,
trug Justitia eine Binde -
vor den Augen, versteht sich:
sie urteilte blind.

Wozu sie dann eine Waage schwenkte -
die sie ja nicht sehen konnte -
ist nicht ganz klar;
aber möglicherweise kannte sie jemand,
der damit umzugehen verstand;
und der ihr sagte, wen er zu leicht befand.

Ebenso muss es ein Rätsel bleiben,
wie sie ihr Schwert gebrauchte;
vermutlich drosch sie häufig daneben
oder sie traf den Falschen.
Indes: selbst im Zweifelsfalle
war das Recht auf Irrtum auf ihrer Seite
und einem vollstreckten Urteil
war schwerlich zu widersprechen.

Heute jedoch scheint sie müde geworden.

Zwar blickt sie nunmehr offenen Auges
und meist ein wenig von oben herab
auf kleine und große Gauner,
doch die dreisten Millionenbetrüger
sitzen sorglos auf ihren Anklagebänken.
Sie lassen durch ihren Anwalt erklären,
dass sie das Gericht für befangen halten -
die Anwaltskosten sind einkalkuliert.

Befreit von Waage und Schwert
faltet Justitia seufzend die Hände im Schoß,
wenn preiswerte Psychologen
von schwieriger Kindheit berichten.

Die verhängte Strafe
wird zur Bewährung ausgesetzt;
bei der Verkündung des Urteils
ist man um ernste Mienen bemüht.

Mehr als belachte Bewährungsstrafen
hat ein Reicher nicht zu erwarten,
seine weiße Weste ist preiswert;
Geld stinkt nicht - im Gegenteil:
genügend vorhanden,
wäscht es noch immer porentief rein.


*Izzy Cartwell*

**Nimm ab dein Kreuz**

Nimm ab dein Kreuz und lass es nie mehr glänzen,
Lass ab dein Hosenbein, rasiere deinen Bart,
Sieh ab von deinen bied'ren Reverenzen,
Der ganzen aufgesetzten, heuchlerischen Art.

Halt fest den Mund, lass deine Handlung sprechen,
Nur sie allein erzählt dir, wer du bist!
So zag nicht, mit Symbolischem zu brechen,
Wenn kaum ein Stück von dir dahinter ist.

*Izzy Cartwell*

## „Die Nullen-Ballade"

Viele große, dicke, runde
Zahlen sind in aller Munde.
Viele Nullen - Mensch und Geld,
Das regiert unsere Welt.

Wirtschaftsbosse, Ölmonarchen,
Trickbetrüger, Oligarchen,
Tausend Köpfe - null Moral,
Wichtig - ich. Der Rest - egal.

Hundert Meter lange Yachten,
Hermelinumnähte Trachten,
Bentley, Maybach, Porsche, Benz,
Niemand hat's, doch jeder kennt's.

Reiche reicher, Arme ärmer,
Seelen kälter, Erde wärmer,
Pole schmelzen, Wald verbrennt,
Ein Mogul wird insolvent.

Schwere Konten, leichte Frauen,
Bäume fällen, Häuser bauen,
Taschen tief, Gewissen seicht,
Geld gehäuft und nichts erreicht.

Geiz zu geil, die Welt zu stützen?
Was wird Reichtum morgen nützen,
Wenn der heut'ge schöne Tag
Unser letzter werden mag?

*Izzy Cartwell*

**Reichtum**

Ein Junge fragte einst den Oligarchen:
„Sag, was ist Reichtum?" Dieser sprach darauf:
„Viel Geld und Zeit zum sorgenlosen Schnarchen,
Und Villen sowie junge Frau'n zuhauf!"

Der Junge ging und fragte den Gelehrten:
„Sag, was ist Reichtum?" Lächelnd kam zurück:
„Ein hoher Grad an rationalen Werten,
Und endlos Wissen, das ist wahres Glück!"

Den frisch Verliebten fragte er das Gleiche:
„Sag, was ist Reichtum?" Voller Geist erklang:
„Wenn ich vor Liebe körperlich erweiche,
Und mit ihr bleib' erfüllt ein Leben lang!"

Da traf der Junge unverhofft den Weisen:
„Sag, was ist Reichtum?" Drauf der alte Mann:
„Nun, junger Mensch, ich kann mich glücklich preisen,
Denn reicher bin ich, als man ahnen kann!"

„Hast du viel Geld und viele junge Frauen?"
- „Nein." - „Ist dein Wissen endlos?" „Glaub' ich kaum!"
„Dann musst du wohl vor wahrer Liebe tauen!"
- „Ich liebe zwar, doch hält es sich im Zaum."

„Von nichts besitzt du viel, doch denkst tatsächlich
Du wärest reich? Das nennt sich Selbstbetrug!"
„Nicht viel," gestand der weise Mann gemächlich,
„Jedoch von allem, was ich brauch', genug."

*Izzy Cartwell*

**Remedium**

Der Mensch ist doch ein einzigart'ges Wesen:
Er liebt, was er nicht hat und haben kann,
Er schätzt nicht hier und jetzt, doch dort und dann -
Und dies ist bloß ein Bruchteil vieler Thesen.

Der Mensch vergöttert, was ihm nicht gehört -
Des Freundes Eltern, Bruders Frau und Kinder,
Und schätzt dabei die eig'nen umso minder,
Es ist die Weitsicht, die ihn so verstört.

Der Mensch ist blind für Näheres geworden,
Er nimmt das nächste Umfeld kaum noch wahr,
Doch sieht er fern Geleg'nes hell und klar,
Wenn auch mit täuschend klingenden Akkorden.

Der Mensch wird wach, bemüht sich und agiert
Sobald ein Unrecht weit entfernt geschehen.
Das gleiche Unrecht kann er bloß nicht sehen,
Wenn es direkt vor seiner Tür passiert.

Der Mensch strebt hin, sich selbst zu übertreffen,
Will lösen die Probleme dieser Welt,
Die er für lösbarer als jene hält,
Die ihn persönlich Tag um Tag betreffen.

Der Mensch ist in der Tat ein blindes Wesen.
Ach, wär' das Leben schön, könnt' er bloß seh'n
Was nah - im Sitz, nicht ferne - auf den Zeh'n.
Dann würd' die Welt im Handumdreh'n genesen.

*Izzy Cartwell*

**Zu oft**

Zu oft geschieht's, wir fegen unaufhaltsam,
Ja blind und rücksichtslos durch Raum und Zeit.
Wir sprengen jedes Mauerwerk gewaltsam,
Den Augenblick zu ächten stets bereit.

Zu oft geschah's, die Chance war uns entgangen,
Mit ihr das Glücks- und Liebespotential,
Wir setzten fort ein sinnlos Unterfangen,
Da die Vernunft zu bremsen nicht befahl.

Jedoch beim Endspurt der geschwinden Reise,
Mit Blick zu leerem Herz und leerer Hand,
Durchdringt das Wort der längst verblich'nen Greise,
Das Aug in Fluten tränkend, zum Verstand.

Zu oft, mein Freund, wird's leider noch geschehen,
Dass wir das Ohr versperr'n bei gutem Rat.
Denn viel zu spät erst scheint der Mensch zu sehen,
Und das zu schätzen, was er nicht mehr hat.

*Izzy Cartwell*

**Ironie der Liebe**

Wir lieben den, der's nicht entgegnet,
Wir schaden jenem, der uns liebt,
Wir küssen hassend, ungesegnet,
Wir leben, dass der Sinn versiebt.
Wir wollen nicht, doch wir erlauben,
Wir greifen uns, was wir verflucht,
Wir schwör'n, woran wir selbst nicht glauben,
Wir lieben heuchlerisch, verrucht.
Wir mustern wahllos und apathisch,
Wir ignorier'n, wem wir sympathisch,
Wir spiel'n mit Liebe, hart, fanatisch,
Weil's keine Reue für uns gibt.
Wir wünschen, dass uns Glück begegnet,
Doch merken, dass der Traum zerstiebt.
Denn lieb'n wir den, der's nicht entgegnet,
Und schaden jenem, der uns liebt.


*Izzy Cartwell*

**Ironie der Weisheit**

Mit gutem Ratschlag sind wir stets zur Stelle,
Sobald ein Mensch verlor'n zu gehen scheint.
Wenn jemand leidet, dienen wir als Quelle
Des Trosts, mit größter Sorgsamkeit vereint.

Dann kommt der Tag - wir liegen in den Ketten,
Und glauben selbst nicht an die eig'ne Schrift.
Wie weise sind wir, wenn wir and're retten,
Jedoch wie hilflos, wenn es uns betrifft.

*Izzy Cartwell*

**Pathos und Katharsis**

Unter dem sanften Wolkenflügel,
So majestätisch, wie ein Thron,
Erstrahlt ein kleiner, nackter Hügel[1]
Im Tale namens Ayalon[2].

Aus einem Hain von Traubenzweigen,
Der stummen Mönche teurer Pracht[3],
Betracht' ich dich, so kühn und eigen,
Dein glattes Haupt voll mystisch Macht.

Welch einzigartige Geschichte
Mag wohl auf deinem Buckel ruh'n?
So zög're nicht, erzähl, berichte!
Damit du sprichst, was soll ich tun?

Herbeigeeilt und raufgestiegen,
Nehm' ich auf deiner Spitze Platz.
Nun rede doch! Genug geschwiegen!
Enthülle deinen edlen Schatz!

Doch liegst du schweigend unter Steinen.
Erlaub' mir dann, da du nicht hörst,
Dir zu entführen diesen einen,
Bloß bis du ihn zurück beschwörst.

Kein Laut - deiner Erlaubnis Zeichen?
Ein Ja ist wo kein klares Nein.
Jetzt hebe ich vom sandig weichen,
Des Hügels Rücken einen Stein.

Und halte diesen kargen Brocken
In meinen feuchten Händen fest,
Und denk', falls er nicht zu verschrocken,
Was er bloß von sich hören lässt?

Und kaum ist mein Gedank' vollendet
Spür ich den Blick des kleinen Steins,
Und spür', wie er mir etwas sendet.
Ist's die Geschichte deines Seins?

Nur fort, ich hab mich treu ergeben
Dir zuzuhören bis zum Schluss!
Erzähle mir von deinem Leben,
Sprich alles, was ich wissen muss!

„So sei es, Fremder, schweig und höre!"
Ertönt in meinem Kopfe klar,
„Doch just bevor ich spreche, schwöre,
Dass du behältst, was heute war

Und noch geschieht für dich alleine!"
„Ich schwöre!" - antwort' ich sofort.
Er sagt zufrieden: „Hör nun meine
Geschichte über diesen Ort.

Verloren bin ich in der Zeit,
Nur der Allmächt'ge weiß, wie lange
An diesem Ort der Grausamkeit
Ich um die Menschenrasse bange.

So viel gesehen und erlebt
Hab ich in Hundert Tausend Jahren.
Von der Geschicht', die an mir klebt,
Kann ich nicht alles offenbaren.

Du hörst wohl das, wonach du fragst,
Sei bloß gewarnt, du hörst nichts Gutes,
Damit du später nicht beklagst
Was du erfährst vom Ort des Blutes.

Vom alten Akko bis Eilat,
Vom Toten bis zum Mittelmeere
Ist reich gestreut die Todessaat -
Ein ehrenvolles Werk der Heere

Von Norden, Süden, Ost und West.
Sie kamen täglich, um zu ernten,
Was nicht geerntet hat die Pest,
Die sie bald selber kennen lernten,

Wenn nicht bereits durch Schwert bestraft -
Ein Akt inflationärer Mehrung
Von scharlachrotem Lebenssaft,
Der weltlich anerkannten Währung.

Ja, blutdurchtränkt ist dieses Land,
Was hier gedeiht, es wächst auf Leichen,
Die unter diesem toten Sand
Wohl bis zum Kern der Erde reichen.

Meine Erinn'rung kennt nur eins -
Gewalt, von Hass und Groll getragen,
Und Berge menschlichen Gebeins,
Die aus der Oberfläche ragen.

Gelobter Boden? Keine Spur.
Meine Bescheidenheit ist schlauer -
Gelobt und heilig sein kann nur
Der Mensch. Kein Ort und keine Mauer.

Doch blind und taub ist dein Geschlecht.
Moral - von Ehre überwunden -
Utopisch. Es wird nur gerächt,
Gekämpft, geschlachtet und geschunden.

Seit die Natur mich hergestellt,
Verweile ich an dieser Stelle,
Beobachte das wüste Feld,
Und der Erob'rung jede Welle.

Noch ist kein einzig General
Nicht blutbefleckt vorbei gegangen,
Kein Jäger nach dem hehren Gral
Des Heil'gen, der am Kreuz gehangen,

Ist unversehrt zurückgekehrt,
Den noblen Reichtum nicht erworben.
Hat and'ren bloß den Tod beschert,
Bis schließlich ohne Sinn gestorben.

Jedoch das grausamste Gefecht
In diesen trostlosen Regionen,
Ich nenn's das grässlichste, zu Recht,
War das Gefecht der Religionen.

Verzeihung, 's war nicht nur, es ist
Und, wie es scheint, wird ewig bleiben -
Die Schlachtzugsfahne hoch gehisst,
Gestählter Todesklingen Reiben.

Mal Kreuz, mal Sichel, mal ein Stern
Erschien an dieses Fleckchens Stirne,
Sie alle tun dies Land begehr'n,
Als wär es ihres Glaubens Dirne.

Entsprechend mit Respekt besinnt,
Wird stets um Prävalenz gerungen.
Die Zeit und frisches Blut verrinnt,
Doch nach wie vor ist nichts gelungen.

Solange nicht geachtet wird
Was andre glauben, denken, preisen,
Wer weiß, was alles noch passiert,
Die weltlich Ordnung kann entgleisen.

Nein, taub und blind und endlos dumm
Erscheint mir deine ganze Rasse.
Der Schöpfer, voller Scham, ist stumm,
Beim Anblick dieser Mördermasse.

Er gab euch das Geschenk des Seins,
Das Leben! Und was lasst ihr sprießen
Just hier, inmitten des Gesteins?
Ich seh' bloß „Nächstenliebe" fließen!

Ihr glaubt an Ihn, so ehrlich, fest,
Und viele meinen auserkoren
Zu sein. Doch merkt, dass ihr vergesst
Auf Hochmuts brüchigen Emporen:

Ihr allesamt gedeiht und lebt
Dank Ihm, gleichgültig welchen Namen
Ihr Ihm beim täglich Beten gebt,
Wenn ihr Ihm dankt für dies Examen,

Denn mehr ist diese Gabe nicht.
Ihr habt nicht Recht und Macht zu richten,
Wer gläubig ist, denkt oder spricht -
Das wird Er selbst für sich verrichten.

Doch wer behauptet, dass er Gott
Verehrt - und mordet dabei fleißig,
Gehört für mich zum höchsten Spott,
Der ist ungläubig, so viel weiß ich!

Erzähle du mir, was ihr wollt
Erzwingen durch euer Verhalten?
Was ist der Grund, warum ihr tollt?
Weshalb lässt niemand Gnade walten?

Was stört euch an des and'ren Sinn,
An seinem Aussehen, Glauben?
Wie seht ihr Logik denn darin,
Das Leben anderen zu rauben?

Sag du es mir, was ist der Grund?
Ach, Mensch, sag' lieber gar nichts, schweige!
Nein, sprich nicht, halte deinen Mund!
Steh langsam auf. Steh auf und steige

Von diesem Hügel nun hinab,
Und folge jenem Weg nach Westen.
Die Anweisung, die ich dir gab,
Ist für uns beide nur zum Besten.

Genug des Bluts hab ich geseh'n,
Genug der Dummheit deinesgleichen.
Nur dort, wo Meereswinde weh'n,
Wo niemals eure Füße reichen,

Ist Frieden, Ruhe, Allianz
Mit allen Glauben, allen Arten.
Dort gibt es keine Diskrepanz,
Idyllisch, wie im Himmelsgarten.

Da steh'n wir nun, im alten Port,
In uns'rem Rücken hohe Türme,
Aus einem tönet Menschenwort,
Gebetsgesang durch Wind und Stürme,

Die andren läuten stündlich, laut,
Mit ihren kreuzverzierten Glocken.
Gegn'über ist ein Haus gebaut,
Das nicht ästhetisch, sondern trocken,

Nicht prunkvoll, nur allein zum Zweck
Errichtet wurde - nicht als Tempel!
Drei Glaubenshäuser Eck an Eck,
Nur folgt kein Mensch diesem Exempel.

Ich kann kein täglich Leid mehr seh'n,
Es wird mit jedem Schritte schlimmer,
Die Zeit lässt sich nicht rückwärts dreh'n,
Und vor mir ist kein Hoffnungsschimmer.

Einen Gefallen, junger Mann,
Musst du mir bitte noch erfüllen,
Da ich's nicht selbst verrichten kann,
Doch auch mich selber nicht verhüllen

Vor allem, was um mich geschieht.
Drum schenk' mir den verdienten Frieden,
Wirf mich so weit, wie kein Mensch sieht,
Ins tiefe Meer, vom Land geschieden,

An einen Ort, wo niemand ist,
Wo die Gewalt mich nicht berühret,
Wo mein Gedächtnis rasch vergisst
Dass ihr die Welt ins Grabe führet.

Wag keinen Laut, hol aus und schmeiß
Mit aller Wucht mich in die Wogen!
Entreiß mich eurem Teufelskreis,
In dem wird bloß geschwatzt, gelogen,

Und fängt von vorne wieder an.
Ich kann und will's nicht mehr ertragen!
So heftig wie dein Arm nur kann
Musst du mich in die Wellen jagen.

Was zögerst du? Ich fleh zu dir
Mich zu befreien, lass mich fliegen!
Nicht dann, nicht dort, nur jetzt und hier
Möcht ich mich an den Meergrund schmiegen."

Ich sah erneut in meine Hände.
„Na los!" Und weiter nur noch still…
So mach ich seinem Leid ein Ende.
Wenn's das ist, was der Arme will.

Des Menschen endlos dumme Taten,
Nach Hundert Tausend Jahren Qual,
Den letzten Todesautomaten
Sahst du gerad' zum letzten Mal,

Auch deine letzte Meeresbrise.
Ab nun gibt's keine Wiederkehr!
Mit Zögern hol' ich aus und schieße
Den kleinen Brocken weit ins Meer.

Sein Wort entflammt in mir Gedanken,
Dass mein Bewusstsein rasch erwacht.
Und ewig werde ich ihm danken
Für das, worauf er mich gebracht.

Der weise Stein, der nun versunken
Im friedlichen Gezeitenreich,
Wollt' übertragen diesen Funken:
„Vor Gott sind alle Menschen gleich!"

1 - ein Hügel im heutigen Israel, der aufgrund seines hohen, strategischen Wertes oft und brutal umkämpft wurde
2 - das Tal „Ayalon" liegt direkt am Fuße des Weinberges des Klosters „Latrun" und ist u.a. bekannt aus der Bibel
3 - die Mönche des Klosters von „Latrun", das für seinen Wein weltberühmt ist, haben ein Schweigegelübde abgelegt


*Izzy Cartwell*

**Gewohnheit**

Gewohnheit - Quelle liebloser Delikte.
Verkohlte Leidenschaft, verbrannte Lebenslust,
Sind lodernder Vergangenheit Relikte,
Verstreut im Pech hinter der stolzen Brust.

Nur wenn sie sabbernd gaffen und sich letzen
Entflammt im Herzen der Gefühlstaifun.
Denn nichts lässt uns die Nächsten teurer schätzen
Als wenn es für uns and're Menschen tun!

*Izzy Cartwell*

**Schattenspiele**

Sie werfen lächelnd sonnengleiche Strahlen,
Sie grüßen, schütteln Hände, welche Révérence!
Sie sind die Treuen, Braven, Sozialen,
Sie hassen Vorurteile, geben eine Chance,

Sie schwören Liebe, aufrichtig, ehrlich,
Sie äußern unfiltriert Gedanken, herzlich, rein,
Sie finden mich persönlich unentbehrlich,
Sie leben sittlich, vorbildlich, mit Heil'genschein,

Sie schätzen Freundschaft, halten ihr Versprechen,
Sie spenden Mitleid, teilen unser aller Schmerz,
Sie achten fremde Schwächen und Gebrechen,
Sie stellen die Moral weit höher als Kommerz.

Sie gaben Anstoß diesen wen'gen Strophen,
Sie waren Stoff der Anthropologie von Kant,
Sie bleiben Gegenstand der meisten Philosophen,
Sie sind bloß Schatten an der klammen Höhlenwand.

*Izzy Cartwell*

**Ohne**

Ohne Flügel - doch ich schwebe,
Ohne Luft - aber ich lebe,
Ohne Feuer - doch ich brenne,
Ohne Wissen - doch ich kenne,
Ohne Augen - doch ich sehe,
Ohne Wort - doch ich verstehe,
Ohne Laute - doch ich höre,
Ohne Charme - doch ich betöre,
Ohne Stimme - doch ich singe,
Ohne Rhythmus - doch ich schwinge,
Ohne Anlass - doch ich lache,
Ohne Schlaf - aber ich wache,
Ohne Sonne - doch ich strahle,
Ohne Handwerk - doch ich male,
Ohne Kräfte - doch ich stehe,
Ohne dich ... und ich vergehe.

*Fred Mengering*

**Sachen gibt's**

Sich einer Sache annehmen
bei der Sache bleiben
dabei keine halben Sachen machen
und die Sache nicht schleifen lassen
sondern um der Sache gerecht zu werden
der Sache auf den Grund gehen
Licht in die Sache bringen
und schlussendlich zur Sache kommen
und sagen, was Sache ist
auch wenn es mit der Sache nicht zum Besten steht
ist in eigener Sache
wenn man nicht über der Sache steht
- das liegt in der Natur der Sache -
nicht jedermanns Sache
und deshalb so eine Sache.

*Fred Mengering*

**Tage und Nächte**

fließen im steten Wechsel
kontinuierlich ineinander
doch es kommt der Tag
nach dem kein Tag mehr
kommt Nacht für Nacht
unaufhaltsam näher
und die Zeit läuft
ab und auf und davon
ohne eine Richtung
zu geben für die Nutzung
der verbleibenden Tage

Tag ein Tag aus
bewährte Routinen
und wiederkehrende Abläufe
Tag für Tag
geargwöhnte Verpuffung
ungeahnter Möglichkeiten
während des Fischens im Trüben
Tage und Nächte verrinnen
diffuse Sehnsucht nach
dem ganz Anderen bleibt
wie auch immer die Tage
verbracht werden

Tage kommen Tage gehen
und wenn es gut läuft
geht es so weiter und
die ewige Nacht beginnt später
sodass die Kinder dann
entschuldigend sagen werden:
Aber er war ja auch schon alt!

*Fred Mengering*

**Die Spatzen**

pfeifen mal wieder unüberhörbar
von den Dächern der Medienanstalten:
Die Lage ist ernst! Land unter!
Apocalypse Now!
Wenn es hart auf hart kommt
ist Schicht im Schacht und Schluss mit lustig!
Schlaraffenland ist abgebrannt!
Neuerliche Vertreibung aus dem Paradies!
Die fetten Jahre sind vorbei!

Alter Wein in neuen Schläuchen?
Blinder Alarm, hin oder her, die Sau muss durchs Dorf!
Die Zeugen Jehovas feiern schon das nahende Ende
derweil wir mit alten Hüten und
offenem Mund im Regen stehen
uns wie begossene Pudel schütteln
da wir plötzlich ganz bedeppert
wie der Ochs vorm Scheunentor
am Abgrund zu stehen scheinen.

Der Blick hinunter, medial schaurig schön zelebriert
Gefühle wie Schwindel vermittelnd.
Bad News are good News!
Auftakt des üblichen scheinheiligen Geredes:
Chancen erkennen, die in der Notlage stecken!
Das erfinderische Potenzial der Notlage entdecken!
Aus der Not eine Tugend machen!
Last but not least - Not kennt kein Gebot! -
mit dem Teufel Fliegen fressen!

Gleichzeitig allerorten Aufruf zur Schockstarre:
Jetzt nur nicht in Hysterie verfallen!
Contenance wahren!
Abwarten und Tee trinken!

Bangemachen gilt nicht!
Und wenn doch, dann lassen wir uns von der Angst
beflügeln und machen uns auf zu neuen Ufern.
Zuletzt die erlösende Bestätigung aus der Hauptstadt:
Uns kann keener und im Ernstfall könnense uns alle!

*Fred Mengering*

**Der Dachziegel**

Seit einer Woche sehe ich ihn hin und wieder.
Meist bei den Mahlzeiten.
Genauer gesagt, jedes mal dann,
wenn ich von einem bestimmten Platz aus
durchs Fenster hinüber schaue.

Er hat sich vom First gelöst
und ist über den Zeitraum
dieser einen Woche
bis auf die Höhe
einer Dachluke hinab gerutscht.

Wenn ihn nicht jemand entdeckt
und wegnimmt, wird er,
falls die Schwerkraftgesetze auch für ihn gelten,
wohl irgendwann über die Dachrinne hinaus rutschen.

Dann wird er auf den Gehsteig fallen.
Vielleicht auch auf einen Kopf.
Dann wird er bestimmt zerschmettert,
der Dachziegel.

*Fred Mengering*

**Reden**

wie ein Wasserfall
nur mit falscher Zunge
und hinter vorgehaltener Hand
nach dem Mund

wie ein Buch
zwar einer Sache das Wort
aber den Mund fusselig
trotz Klartext

wie einem der Schnabel gewachsen ist
frei von der Leber weg
nur ein paar Takte
und schon um Kopf und Kragen

wie gegen eine Wand
etwas von der Seele
dabei jemandem ins Gewissen
und ein Loch in den Bauch

wie mit Engelszungen
vielleicht geschwollen
eventuell Tacheles
oder auch nur Blech und Mist

*Fred Mengering*

**Begegnung im Kaiser's**

Und, wie jeht's?

*Wird schon!*
*Iss ja immer jeworden!*
*Und selba?*

Muss ja!
Hülft ja nüscht!
Man kann et sich ja nich aussuchen!
Aber wat soll's!

*Ja, man muss et nehmen, wie et kommt!*
*Iss eben so!*
*Kann man nüscht machen!*

Weeßt ja, wie et iss!
Man steckt ja nicht drinne!
Wat soll man da machen?
Muss man halt durch!

*Wat muss, dat muss!*
*Man weeß et ja nich, so iss et nun mal!*

Ja, so iss et!
Et kommt, wie et kommt!

*Und die Jüngsten sind wa ja ooch nich mehr!*

Nee, man wird ja ooch nich jünger!

*So, ick muss dann ooch wieda!*

Ebenso, bis denne.

*Fred Mengering*

**Aller Tage Abend**

Wenn du dann nicht mehr weißt wo dir der Kopf
steht und du merkst das Alles über ihn
hinaus wächst weder Land in Sicht noch Licht am
Ende des Tunnels zu sehen ist aber
du bereits das Wasser am Hals spürst und du
weder ein noch aus noch weiter weißt weil
wirklich nichts mehr geht und du total am
Ende bist schon ahnst was die Stunde
geschlagen hat und spürst dass du es
nicht mehr lange machst wenn also wirklich
alle Stricke reißen und du bereits
sterbensfroh auf das Ende schaust ist
Aufhängen immer noch nicht die Lösung

*Fred Mengering*

**Und auf einmal stehst du neben dir**

*(Hommage an Joachim Ringelnatz)*

Und auf einmal merkst du deutlich:
Wie viel Freude zu dir kam,
Wie viel Freundschaft dir erinnerlich,
Jeden Kummer von dir nahm.
Gehst vergnügt durch deine Tage
Und die Tage leuchten hell.
Von dir hört man keine Klage,
Was du auch anpackst, gelingt meist recht schnell.
So gut wie nie nach hinten geschaut,
Stattdessen dem Morgen zugewandt.
Das Leben in Richtung Zukunft gebaut,
Drängst, was dabei stört, an den Rand.
Freudvoll, reich erscheint das Leben dir,
Die Bodenhaftung ist manchmal schon etwas lose. - - -
Und auf einmal - -: Stehst du neben dir,
Deine Gefühlswelt erfährt eine Metamorphose - -
Durch eine nur kurz erläuterte Diagnose.

*Siegbert Dupke*

**Eiger und Jungfraujoch**

Nordwand Pyramide,
fast viertausend Meter
in der Abendsonne
von ferne zu sehen.

Bahnhöfe im Tunnel,
Blicke durch Panzerglas
über Wiesen, Wälder,
Wasserläufe zum Rhein.

Züge bringen Besuch,
Waren der Wegzehrung,
Seilschaften Sicherheit,
nehmen Müll wieder mit.

Augenstaunen am Joch
schützt Faradays Käfig,
weit unten Eisströmen
urzeitlich zur Rhone.

*Siegbert Dupke*

**Städteheimat**

Vorortbilder
ergaben sich
beim Behelfen,
Bombenschäden
Notwehrlehren,
zweite Bildung
strukturierter
geografisch.

Witten
Waltrop
Hagen
Essen
Bochum
Dortmund
Duisburg
Köln, Bonn.

Die Ahnen
kamen arm
aus Dörfern,
vererbten
Stadtleben
nomadisch,
selten den
Arbeitsplatz.

*Siegbert Dupke*

**Chongqing \***

Die Stadtregion
am Yangzi Jiang,
Einwohner, Fläche
und Planungshoheit,
weltweit einmalig.

Durchbruchgebirge,
Drei-Schluchten-Stausee,
Schleusen verbessern
Schiffsverkehr hinauf
ins Rote Becken.

Bebaute Seehänge
drohten abzurutschen,
Vorsicht räumte sie frei.
Betroffene wohnen
stärker verdichtet im
Metropolengebiet.

Wasser dynamisch
stürzen tief abwärts,
treiben Turbinen,
Menschen vertrauen
auf Stahl und Beton.

\* die Stadt heißt übersetzt „doppelte Freude"


*Siegbert Dupke*

**Seebeben**

Gezeitenrhythmen,
Fluthöhen vorhersehbar,
plötzlich Tsunami.

*Siegbert Dupke*

**Sibirisches**

Der Regime
Fortverbannte
unvergessen
Zufallsopfer.

Ansiedlungen
sichert Sorgfalt,
mitbestimmte
Entfernungen.

Hungerwinter,
Erfrierungen,
strafen jeden
Standortfehler.

Gegenwart plant,
prüft immer mit,
verträgt den Bau
die Zukunft auch?

Eine Ölleitung
nahe zum Baikal
bedroht weltgrößte
Trinkwassermengen
unbezweifelbar.

Tundra, Taiga,
Tigerwildnis
unerschlossen,
bleiben Natur.

*Siegbert Dupke*

**Gohlis (Großstadt Leipzig) 1992.**

Geburtsort der Ode von Schiller,
gründerzeitlich genug gesegnet
gammeln Gebälk mit Giebelstuck,
Gebäude gesetzt, grau, gerußt.

Gebildete gingen Westglück greifen,
in Gegenrichtung Gebrauchtwagen,
Grundstücke gewinnen gewerblich,
Gebiete grell gestaltet, neues Grün.

Glanz geblendet grüßt Geld generös,
Gutwillige grübeln gerne gedämpfter,
genießen Gose obergärig, Genossen
gedenken Gorbatschows Glasnost.


*Siegbert Dupke*

**Lyrik, Logik, Ladin**

Piz Ot sur Engadin,
davon, davor Davos,
Luzon, Luxor, Lagos,
Namib wider Zenit.

Wenig Demut damit,
Bihar, Nepal, Sagen,
Rügen, Kopenhagen,
Moral, Musik, Natur,
dahin Devon, Silur.

Humor humid human,
Meran, Paris, Pusan,
Turin, Turan, Tarim,
Sahel, Sewan, Wuhan.

*Barbara Siwik*

**Dresden 1945**

Längst ist Geschichte
das große Morden.
Wiederkehrend
alljährlich ein Datum -
ascherwittwochsgrau.
Ohne Stimme
sind die Toten,
wenn nicht die Lebenden
zur Erinnerung mahnen.

Nächtlicher Himmel -
bar jeglichen Trostes.
Unheilschwanger
birst er und entsendet
Ausgeburten der Hölle.
Ohne Gnade
in die Tiefe
ergießt sich Verderben
über die schlafende Stadt.

Stürzende Mauern
und lodernde Brände.
Schreie und Schreien.
Vor Feuerstürmen
nirgendwo Zuflucht.
Gierig nährt sich
flammender Tod
im Aschenregen
an zuckenden Körpern.

Wahnsinn lacht gellend
auf rauchenden Trümmern.
Nacktheit irrt ziellos
umher unter Leichen.

Niederfallend
als flockiger Ruß
flehen die Toten
die Überlebenden an,
diese Nacht nie zu vergessen.

*Gutrun Wellmer*

**Stalingrad**

Mein Herz verlor ich einst
zwischen hier und Moskau ...
An Fäden baumelnd
überwand ich
unglaubliche Gefahren
trotzte den Elementen
ließ mich
von Vulkanen ausspeien
und fiel doch immer wieder
in deinem
Stalingrad.

Nacht für Nacht
in Eiseskälte
dicht aneinandergedrängt
versuchten wir
den Feind zu
ignorieren.

Der Schnee fällt
auf Sieger
ebenso
lautlos
wie auf
die Toten ...

Mein Herz
ich hab es
verloren
im
Garten unter Eis.

Irgendwo
zwischen hier
und
Moskau ...

*Gutrun Wellmer*

**Nachtpoesie**

Liebe
welch' fragiles Konstrukt
lächerliche Emotion
eines aufgeplusterten selbstverliebten Egos.
Monströse Selbstüberschätzung des Ich
zwischen
sexuellem Begehren und
Libido-Entgleisung
manische Einflüsterungen
einer hungrigen Seele ...

Und die Menschen
sie greifen nach einander
gierig
bodenlos
um im Strudel des Lebens
irgendwo Halt zu finden.

Ein kurzes
lustvolles
Anlehnen
im Beben der Zeit.

Dann vorbei.

Liebe?

Nein,
das ist meine Liebe nicht.

*Gutrun Wellmer*

**Herbstmond**

*(für Papi)*

Die Hügel sind von Dunst verschleiert,
das Aug' sie sonst im Flug erhascht ...
und müde, träge trudeln Blätter
vom Wind ganz heimlich überrascht.

Zerzauste Vögel auf griesgrauer Himmelsbahn
zieh'n leise, einsam ihre Runden.
Ach, könnt' ich doch, genau wie du,
frei sein von Jahren, Tagen, Stunden ...

Vor einem Mond bist du von uns gegangen,
ließest hier alles Weltliche zurück,
wie Blätter, die am Baume hangen,
die mit dem Herbst geh'n, Stück um Stück.

Die Sonne sinkt,
kaum hat das Auge sie geschaut
und Dämm'rung steigt,
und Träume werden laut.
Das Käuzchen ruft und jammert vor dem Haus,
du fehlst am Morgen und am Abend
und tagein, tagaus.

Und doch, ein Trost,
ich weiß, wo ich dich finde:
Im Herbstmond, nachts,
in deiner Linde ...

*Gutrun Wellmer*

**Halbtags**

Du hast mein Herz
gegessen
stückchenweise
fast
bis meine Seele brach
und doch
seltsam
habe ich nie
gelernt
dich zu hassen.

Vielleicht
hat Gott
mir das
Vergeben
geschenkt und
einfach vergessen
Wut und Zorn
hinzuzufügen.

So bin ich nun
seltsam
unvollkommen
wie
Weiß ohne Schwarz
Frühling ohne Herbst
wie ein
halber Tag ohne Sonnenuntergang.

Er hat sich
ganz sicher was
dabei gedacht
der Gute ...

*Gutrun Wellmer*

**Unbegreiflichkeit**

Das letzte Mal
als ich deine Hand hielt
ich weiß es
nicht mehr und
wann
sahst du
zum allerletzten Mal
deinen geliebten Mond
aufgehen?

Hast du
die Erinnerung
an Frühling und
den Duft der Weidenkätzchen
mitgenommen
auf deinem Weg?

Die Wolkenbilder
wie hast du mir
Geschichten daraus ersonnen
und
wenn des Nachts
der Regen
aufs Dach prasselte,
sangst du mir
ein Lied dazu...

Welches
allerletzte Lächeln
blieb dir im Sinn
auf deinem Weg
in die Anderwelt?
Und
nahmst du
deine Träume mit?

Vor mir
nur ein
weißes Blatt Papier
ein Haufen
Gefühle und
sprachlose
Unbegreiflichkeit.

Den Mond
den Mond
den hätt' ich dir
zu gern
auf deine Reise
mitgegeben ...

*Gutrun Wellmer*

**Staatssonntag**

Sie geben ihnen
Pillen
gegen die Sinnlosigkeit der Zeit.

Eine Handvoll
Glück
bunt verpackt
gegen die Einsamkeit im Herzen.
Freude
auf Rezept und
Kampf den Schlaflosigkeiten!

Eine Flasche Wein zur Nacht und
sie haben schon längst
die innere Stimme
zum Schweigen gebracht
sich angepaßt
lautlos

um stromlinienförmig
den immergleichen Takt
halten zu können.

Leere Menschen
erwünschtes Beiwerk
unserer Gesellschaft.
Schalter ein
Kopf aus.

Das Vakuum
in ihren Seelen jedoch
macht sie ruhelos
wie getriebene Tiere.

Der Mensch spürt
die Dinge gegen seine Natur.

Und doch
scheint der Zaun zu hoch
um auszubrechen ...

Am Staatssonntag
geben sie ihnen
Pillen
gegen die Sinnlosigkeit ...

*Gutrun Wellmer*

**Kleine Falterweise**

Das Lächeln der Topfpflanze
hat ihre eigene Zeit.
Du hast sie mir
geschenkt
und
nie
läßt sie die Blätter hängen.

Ein Falter
neulich
setzt sich auf die
alten langen spitzen
Blätter,
die ihm
gleich Armen
ein Zuhause bieten.
Wohnraum fürs
fliegende Volk der Nacht,
ein schwingender
grüner Balkon
inmitten
meines Universums.

Falterheimat.

Er macht mich lächeln
der alte Schwärmer
auf
deinem
grünen Ritterstern ...

Echt
Dinge gibts ...

*Gutrun Wellmer*

**Frei-Tag**

Die Liebe lassen
einen Schritt zur Seite treten
behutsam und
bedächtig und
dabei
die kleinen Wunder
unter den Füßen
nicht zertreten.

Einfach
das Hiroshima der Herzen
beenden
heilen und
als geschlossene Einheit
unverwundbar
voranschreiten.

Wie ein
strahlender Stern
leuchtend von innen
und doch
auf ewig
unerreichbar
fern im All
auf seiner
eigenen Bahn
unberührt
Spuren ziehend ...

Einsam
doch glücklich
und
wunderschön
die Liebe
lassen ...

*Gutrun Wellmer*

**Wertigkeit**

Sand
wie Sand
rinnt mir die Zeit durch die Finger
kostbar
die Sekunden
die so
unendlich schön
dazu einluden
augenblicks
zu sterben.

Im Rückblick
bekommen die Dinge
leuchtendere Farben
eine ganz besondere
Wertigkeit.

Zu leben
als gäbe es kein Morgen.

Lieben.
Jetzt.
Einen Atemzug lang
nur Momente zählen ...
Sich verlieren
zwischen
zeitlosen Abschnitten des Tages
tiefer
Leben inhalieren.

Dann vorbei.

Der weitgereiste Wein
schmeckt nicht.
Er macht mich hungrig.
Verlorene Dinge

passen nicht mehr
in die Flasche.

Und morgen
ist morgen
ist morgen ...


*Walter Mathois*

**Aborigines**

*(Haiku)*

aborigines
bis neunzehnsiebenundsechzig
wie tier und pflanze


*Walter Mathois*

**schicke Uniform**

*(Haiku)*

schicke uniform
braucht nach einem wirbelsturm
keine hilfsgüter

*Walter Mathois*

**Mächtige Menschen**

*(Haiku)*

Mächtige Menschen
misshandeln ein hohes Land,
doch die Gerste wächst.


*Walter Mathois*

**Hier und dort**

*(Zwei Tanka)*

Militärstiefel -
ein Backsteinhaus in der Nacht.
Rauch liegt in der Luft.

Flammen erhellen den Platz.
Bratwürste werden verkauft.

~

Die zarten Augen
blicken aus dem feinen Sand
in den Sonnenschein.

Steine fliegen durch die Luft
auf das blutige Kopftuch.

*Walter Mathois*

**Draußen und drinnen**

*(zwei Tanka)*

Starker Brandgeruch,
Gewebereste stinken -
Jeep steht in Flammen.

Das einbeinige Kind weint.
Ein Helm fällt auf die Straße.

~

Zigarrengeruch.
In der Offiziersmesse:
Frischer Kaffeeduft.

Rasierte Gesichter in
den schicken Uniformen.

*Walter Mathois*

**Köln, September 2008**

Ein schicker Haarschnitt und die feine Jacke
Aus Leder mit dem Silberglanz der Nieten.
Fürs Treffen konnten sie die Halle mieten.
Ein brauner Schleier schwimmt in einer Lacke.

In kalten Straßen toben rote Kerle
Und wollen hart die braven Bürger schlagen,
die - „harmlos" nur - die Ausländer beklagen.
Der braune Schleier trübt die helle Perle,

Die Aysha stolz an ihrem Armband trägt.
Das Kopftuch hat der Glatzkopf ihr entrissen.
„Du gehen Heimat, verstehn du? Verpissen!"

Vorm Dom in Köln steht er ganz unbewegt.
Dem kahlen Teufel quält nicht sein Gewissen.
Dies ist die neue Richtung und beschissen.

*Herbert van Anken*

**Mahnung**

Viele glaubten, hofften, sangen
für Ideale, Orden, Sieg.
Mitleid, Demut, Leben vergangen.
Jahre in Angst durch Krieg.

Soldaten kämpften um Ziele,
starben für´s Vaterland.
Männer, Söhne so viele,
reichte der Tod die Hand.

Gefallen als Vaterland´s Held!
Hass, Liebe, waren stets nah.
Mahnende Kreuze auf dem Feld.
Millionen Gräber sind da!


*Herbert van Anken*

**Time to say Goodbye ...**

Ein Riese, kalt
aus Stahl und Eisen
soll schon bald
die Welt bereisen.

Tausende Hände halfen
mit an diesem Schiff.
Deren Arbeit gab
den rechten Schliff.

Nach unzählig Stunden
im Trockendock
liegt es dann am Kai,
hat nicht Mast, noch Fock.

Bestaunt von allen Seiten,
stattlich, glänzend weiß.
Ein Kapitän wird's begleiten,
das Schiff, das „Zukunft" heißt.

Bald nimmt sie auf
die Fahrt ins Meer,
zum Dollart rauf.
Gäste kommen, staunen sehr!

Von Schleppern gezogen,
Meter um Meter voran.
Die Eisenbahnbrücke ausgehoben,
geht's Emsaufwärts dann!

Die Ems drum aufgestaut
um Wasser unterm Kiel zu haben.
Dafür wurd' das Stauwehr gebaut,
so, das Schiff vom Wasser getragen!

Extra breit das Nadelöhr gemacht,
die Emsbrücke bei Leerort.
Damit es keine Schrammen macht
am Schiff und der Brücke dort!

Nach vielen Kilometern und Stunden
kommt's in Eemshaven an.
Gedreht noch einige Proberunden,
bis es in See stechen kann!

So ist des Schiffes Werdegang,
geschaffen durch Menschenhand.
Auf einer Werft entstand
in Papenburg, hinten, im Binnenland.

*Herbert van Anken*

**Unvergessenes Licht ...**

Von Weitem ich den Lichtschein sah,
ging langsam darauf zu.
Als ich dann ganz nahe war,
fühlt' ich tiefe Ruh.

Ein Engel trat aus diesem Licht,
reichte mir die Hand.
Sah mir freundlich ins Gesicht.
Ich stand da, wie gebannt.

Er führte mich durchs goldene Tor.
Leise hörte ich Musik.
Zu hören war ein Engelschor,
sang ein wunderschönes Lied.

Noch eh ich wusste was geschah,
sah ich vertraute Wesen.
Die auf der Erde mir so nah,
bevor sie fort gewesen.

Sie zeigten mir den Himmel - weit,
doch bleiben durfte ich nicht.
War noch nicht meine Todeszeit.
Unvergessen bleibt das Licht.

*Wolfgang Uster*

**Bangkok Nightfeaver**

Tiefe Ringe hat die Kleine
um die Augen
schöne Beine
braun und schlank und
schlangengleich
windet sich
im Tanz der Lichter
hinter grünem Seidenflatter
farbgeschmeidig
auf die Knie
Sonnenaugen
eingesogen
noch so tief und braun
und Trauer
in den Ringen
eingefangen
in den Augen
festgeklammert
aus dem schwarzen Anzug
drüben
beugt sich
zärtlich
in der sanften
Stimme
Haar und Wimpern
kitzeln
über meine Abwehrschranken
stählern
aus dem Blick der kalten
Augen die
die Schritte messen.

Tiefe Ringe hat die Kleine
um die Augen
edle Steine
die sich in dem Glas

der Tiefe
spiegeln
hässlich und verstümmelt
heiß und geil
und Totenstarre
Sklavennot
im Leibe horten
zittrig in die Schritte
greifen
und dann wieder
einen steifen
Lemon Wodka
runterstürzen
kniet sie vor mir
und ihr Rücken
öffnet striemengleich
die Wunden
tiefe Schnitte
in den Blicken
knistern
zackenfeine Sprünge.

Tiefe Ringe hat die Kleine
um die Augen
aus der Ferne
brechen
wilde Elefantenherden
stampfen in
Bananenhainen
wickeln in
Bananenblätter
schlanke Hände Reis mit Regen
in der weiten
sanften Anmut
durch die Tiefe ihrer Wälder
fragt sie
mich
aus Haut und Falten
fragt sie
kühl gepresst

aus Lippen
Atem schwer
in Würgemalen
ob ich jetzt nicht
endlich wieder
einen Rum
bestellen möchte.


*Wolfgang Uster*

**Traumpfade**

Es schäumt im Traum
des Träumers Schaum
so wenig schamvoll
wie im Bersten
der Roggen-, Weizen- oder Gersten-
korn randvoll pralle Blütenstand
gleich der Korallen Spermienwolken,
die tief im Ozean gemolken
aus Drüsen jener Tiefseekuh,
die mir im Traum erschien wie du,
du wonnezitzenweiche Küste,
deren Gestaden Schlick ich küsste,
aus dem sich wunderbar entblättert
Mangrovenfrucht.

Verbrannt, geschreddert.

Wie Phönix aus der Asche schoss
im Qualm des Traums -
mein Lebensspross.

Da schäumt im Traum
des Träumers Schaum
so wenig schamvoll
wie im Bersten
der Roggen-, Weizen- oder Gersten-

korn randvoll pralle Blütenstand.
Entfesselt -
wie aus Nesselfäden -
und heiß entbunden
aus den Striemen,
den eingeschnürten Rissen jener,
die doch des Träumers Drang geschunden,
geknebelt und
das Seelenheil verbogen,
das Menschsein
endlich
mit Reliquien belogen.

Zum Leben schäumt
erst die Membran des Schaumes,
umschließt und hüllt
organisch fließend ein:
Strukturen bildet,
was sich einigt und
sich schmiegt
und fügend sich
gepaart durchdringt,
so dieses Leben
sich erfüllt vollzieht,
verändernd und
sich wieder
selbst erfindend
schöpft,
durch seine Harmonien
singt.

*Johannes Bettisch*

**Nebelland**

Nebelland im Winter.
Im klirrenden Frost
schwebt ein reifbesetztes Kleid
im Geäst.

Ich stehe und schweige
bis der Wind mich verjagt,
Heim, durch das Nebelland im Frost.

Die Krähen schweben
über's offene Feld
werfen mir eine überflüssige Feder zu.

Am Rande der Bäume
Stürzt eine Krähe aus dem Geäst.
Die Füchsin flieht mit ihr
unter die Bäume
über das brüchige Eis ...

Eine blutige Feder
treibt der Wind vor sich.
Ich steh' am Ufer und sehe ihr nach.
Fast alles andere ist weiß.


*Johannes Bettisch*

**Hitze**

Große Hitze, keine Witze!
neununddreißig Celsius
füllen alle Ecken,
nicht einmal im Schatten
kann man sich verstecken!

*Johannes Bettisch*

**Die Wolke**

Ganz langsam, wie aus nichts,
entstehen Wolkentürme,
auf Windbahnen reisen sie
zuerst als zarter Hauch,
die ganze Welt umkreisen sie
als Kunstwerke der Höhen,
und schwinden dann dahin
von wo sie gar nicht kamen,
in Frieden oder Böen,
wie durchsichtiger Rauch.


*Johannes Bettisch*

**Unterwegs**

Bunt flitzt der Wald in der schon starken Sonne
am Windschutz meines Wagens schnell vorbei
ich achte konzentriert auf den Asphalt
das andre nehm' ich wahr so nebenbei,
fast unbewusst, als uns vererbtes Wunder
des Sommers mit den bunten Farben,
den Wind mit seinem Duft
die jährlich Vernissage der „Galerie Natur"
der Eingang unentgeltlich für Eingeweihte nur.

*Johannes Bettisch*

**Weiß**

Bei Sandburg kommt der Nebel
auf weichen Kätzchenpfötchen.
Er bleibt ein wenig sitzen,
dann zieht er sich zurück.

Mir peitscht er wild
- ein Pferdeschweif -
auf die Windschutzscheibe,
wie ein besoffner Rowdy
der keine Rücksicht kennt.

Die Gefahr fährt mit,
auf allen Seiten lauernd.
Dann endlich hält
der Fahrer vor mir an,
doch hinter mir,
der denkt nicht dran.

Alles in weiß.
Ein ungewöhnlicher Geruch.
Das Paradies?
Wo Milch und Honig fließen?
Ein Mann in Weiß,
mit freundlich konzentriertem Blick.
„Oh! Petrus ist ja ewig jung!" denk ich,
noch selbst mit Nebel in dem Kopf.

„Doktor, der Patient ist wach",
meldet die Schwester mit dem Zopf.

*Johannes Bettisch*

**Der Kanal**

Irgendwo in Europa
- wo genau, das ist nicht wichtig -
Verband man durch einen Kanal
die graue Donau mit dem Meer,
und das fand man wirklich richtig.

Den Schifferleut' gefiel das sehr,
man würde Zeit und Gelder sparen,
schneller ginge's mit den Waren,
billiger wird auch die Fracht,
das alles zog man in Betracht.

Überraschung! Die war groß
als man die Gebühren hörte,
deren ungemeine Höhe
alle Schiffer stark empörte.
Ja! Das war ein dicker Kloß!

Demzufolge alle Schiffe
auf den alten Wasserwegen
so wie vorher sich bewegen
laut der alten Lotsen Pfiffe.

Wenn man darauf sehr wenig fährt,
ist der Kanal auch nicht viel wert.
Aber auf der andren Seite
dem Kanaltrust droht die Pleite.

So berief man fünf Berater
zu beenden dies Theater.
Dann, nach weiser Überlegung,
kamen sie mit der Beredung:

Um den Kanal erneut zu nutzen,
(und ihn seltener zu putzen)

um den Verkehr daran
aktiv zu stimulieren,
und dabei auch Mautgeld zu kassieren,
sollte man's probieren
ihn der ganzen Länge nach
schnell zu asphaltieren!


*Johannes Bettisch*

**Menschen?**

Ein Kätzchen schläft nun friedlich
da bei der alten Hündin,
wie gerne hätt' auch sie
so viele liebe Welpen
verspielt, so rund und niedlich,
ja selbst zur Welt gebracht,
doch sie war an der Kette,
gehalten von den Menschen
schon immer, Tag und Nacht …
Und auch ihr lautes Winseln
zog keiner in Betracht.


*Johannes Bettisch*

**Zeitvertreib**

Wieso vertreibt man seine Zeit
aus purem Zeitvertreib
sinniere ich, während ich schreib.
Denn ich stell fest, sie läuft davon
viel zu schnell auch von allein,
braucht gar nicht vertrieben zu sein.

*Susanne Rist*

**Wörtertür**

Wörter -
umfangen mich,
tragen mich,
inspirieren mich.
Wörter -
legen einen Schalter um,
in meinem Kopf.
Wörter -
öffnen Türen,
die sonst nur angelehnt,
verschlossen sind.
Wenn sie offen sind,

muss ich lachen,
muss ich weinen.

Und schon ist sie wieder zu,
die Wörtertür.
Das Türwort.


*Susanne Rist*

**Morgengedanken**

Es so hinnehmen, wie es ist,
weil es so ist, wie es ist,
weil ich nichts ändern kann.
Ich sehe es so, wie es ist,
weil ich so bin, wie ich bin.
Ändern kann ich nur mich.
Dann ist es so wie ich bin,
und ich sehe mich selbst.

*Susanne Rist*

**Da ist nichts**

Nichts fällt aus meinem Kopf
aufs Papier
Es gähnt das Papier
vor lauter Langeweile.
Keine Buchstaben
zerwühlen das Weiß.
Dabei ist da doch soviel
in meinem Kopf.

Das Karussell bewegt sich,
genährt von Phantasie.
Geschichten drehen sich im Kreis.
Los, ein Schritt, fahr doch mit!
Doch ich bleibe starr und
schaue nur zu.
Ein kühler Wörterkuss auf
meiner Wange.

Irgendwann habe ich eine Fahrkarte.
Dann beginnt sie,
meine Reise,
weg vom alltäglichen Trott,
der mich auffrisst,
wie eine Schlange.
Und dann fällt es aus meinem Kopf
aufs Papier.

*Susanne Rist*

Ich atme grün.
Mit jedem Atemzug strömt es ein,
lässt mich wachsen
und gehen mit federndem Schritt.

Ich atme grün.
Die Gräser und Blätter entfalten sich,
ich strecke mich
und spüre eine Kraft in mir.

Ich atme grün.
Die Luft ist süß und schwer
Bin wie betäubt
und fange an zu träumen.

Ich atme grün.
Regentropfen die funkelnd auf Blättern wohnen,
Geschmeide für mich
und ich staune wie ein Kind.

Ich atme grün.
Der Wind ist voller Gezwitscher, Geschwirr
meine Seele singt
und ich beginne zu leben.

*Heike Wenig*

nebel steigt auf
über dem moor
am himmel wetteifert
eine weiße mondsichel
mit dem fahlen
licht der sonne

in der ferne bewegt sich
die schemenhafte
gestalt der ahnin
auf der suche nach
dem bronzefarbenen amulett
das sie verlor
als das moor
über ihr zusammenschlug

manch einsamer wanderer
hört ihr leises rufen
um hilfe bei der suche
lässt er sich darauf ein
verliert sich auch
seine spur im moor


*Heike Wenig*

deine geträumten worte
sind geahnte liebkosungen

ich verspüre poesie
in meinem herzen
schreibe meine sehnsüchte
auf die segel der hoffnungen

und schicke das boot
hin zu dir
auf den flügeln des windes

*Heike Wenig*

der lärm des tages
ist verhallt
die stille der nacht
senkt sich herab

auf dem bette liegend
lausche ich
dem wispern des windes
dem raunen der bäume
dem rattern
der vorbeifahrenden züge

müde lasse ich mich
in die weichen arme
des schlafes fallen

nachtgespenster
hetzen mich unerbittlich
durch den traum

aufgeschreckt höre ich
das rütteln des sturmes
am zimmerfenster

im unruhigen schlaf
verfolgen mich erneut
meine nachtgespenster

am morgen erhebe
ich mich gerädert
und begrüße erfreut
die wohlbekannten
geräusche des tages

*Margita Osusky-Orima*

**Der Apollo und der Übermensch**

Ich bin ein Apollo, warum?
Ich bin ein Schmetterling,
kein Gott, warum?
Dass ich rote Augen habe,
und nach Sonne, Wonne rieche,
was kann ich dafür?
Die Wiese ist grün,
schimmert voller Lebenslust
und Hoffnung, warum?

Oh Schreck! Ein Übermensch
auf der grünen Wiese.
Was will er?
Er hält ein Fangnetz
in der Hand und schreit:
„Komm du stinkende Griebe
in mein Netz hinein,
deine Augen sind rot,
verbrenne - hinter dem Stacheldraht!"


*Margita Osusky-Orima*

**Als im Herbst 1944**

Als im Herbst 1944
die Heimatsterne vom Himmel rutschten,
als die Rosenblätter der Wind verwehte,
als der Lorbeerkranz der Cäsaren verwelkte
und der nächste Kriegswinter an die Tür klopfte,
blieben deine Lippen, Liebste,
feucht und warm.

*Margita Osusky-Orima*

## 1. September 1939

*(Ausbruch des II. Weltkrieges)*

Der Krieg war da!
Panik brach aus!
Wo blieb der Frieden?
Der Unsichtbare?
Wie sah er aus?
War er gross und schlank,
oder dick und klein?
War er schön wie Adonis
Oder wie Belzebub hässlich?
Wo versteckte er sich?
In diesem Augenblick?
Am 1. September 1939?

Auf der Wiese? Auf dem Feld?
Am Waldesrand? Im tiefen Meer?
im Zentrum der Stadt?
Wo?

Im Wald tötete der schwarze Wolf,
am Meeresgrund der weisse Hai,
auf der Wiese der rote Fuchs
und in der Stadt der Mensch allein.
Er überfiel im Morgengrauen
das friedlich schlafende Land
und brüllte aus voller Kehle:
„Der Krieg ist da!"

*Margita Osusky-Orima*

**Frieden?**

Ist das ein Fremdwort
aus dem Lexikon?
Ist das eine weisse Taube
aus Karton?
Ist das eine Tauperle?
Ein Regenbogen?
Ein warmer Hauch?
Ein Kuss?
Ein Kampf?

Frieden ist eine Liebeserklärung
bis in alle Ewigkeit,
Frieden ist eine Liebesmacht
ohne Gewalt,
Frieden ist eine Liebessymphonie
für das Weltorchester komponiert!


*Margita Osusky-Orima*

**1943 Wer fragte dich?**

Orient! Okzident!
Der Krieg am Wolgastrand,
die Schlacht der Schlachten um Stalingrad
und du warst dabei,
ohne dich zu fragen!

Du hast gehungert, gefroren, gelitten,
im Kessel frassen dich die Ratten.
Eine Kugel kam geflogen,
du warst verwundet,
wer fragte dich?

Die Nacht kam und ging!

*Margita Osusky-Orima*

**Der Hahn**

Gelb, grün,
rot und blau
ist der kleine Hahn.
Im schwarzen Zweireiher
stolziert er hoch und
managed den
ganzen Hof.
Dann wird er grau
der kleine bunte Hahn
und nun kräht er
aus voller Kehle
in die grosse Welt
des Maskenballs


*Margita Osusky-Orima*

**Quo vadis?**

das bleiche Gesicht
der Luna
wirft Schatten der
Wolken, der Bäume
wie Worte -
auf den Kiesweg
des Lebens,
die keiner hört
wohin du gehst

*Margita Osusky-Orima*

**Der Schatten und ich**

Beim Sonnenschein,
beim Lampenschein,
beim Mondschein
und beim Kerzenschein
du bist mein Doppelgänger
in allen Schattierungen
von grau bis schwarz.
Du bist vor mir,
du bist hinter mir,
du bist das Ungreifbare,
du bist das Unfassbare,
du bist mein ständiger Begleiter
in guten und in schlechten Zeiten.
Du kommst von Osten und Westen,
du kommst von Norden und Süden
du rollst dich klein
unter meinem Kissen
und flüsterst mir Träume
in mein Gewissen

Du bist mir treu
in allen meinen Tagen
und verlässt mich
erst an meinem letzten.

*Margita Osusky-Orima*

**Auf dem Quai am See**

Menschen wie du und ich
Frauen, Männer, Kinder,
Mini, Midi, Maxi,
Hosenbeine lange, kurze,
Lederschuhe, Sandaletten,
Blumenverkäufer,
rote Rosen
auf dem Quai
am See.

Kleiner Tisch in einer Ecke,
Kerzenschein, warme Nächte,
junge Menschen, leise Tränen,
fest umschlungen und sich sehnend
nach der Liebe,
nach dem Frieden,
träumend von
der Welt und Glück
auf dem Quai
am See.

*Margita Osusky-Orima*

**Du Poet!**

Du Poet!
Bist du ein Mensch
oder eine Kreatur
aus der Unterwelt?

Du kennst des Herzens heimliche Sehnsucht,
du kennst des Lebens viele Qualen,
du kennst die Hoffnung ohne Ende,
du kennst die Verwirrung der Gefühle
du kennst die Ungeduld des heissen Blutes.

Du Poet!
Du bist die Pyramide
in der Wüste!

*Margita Osusky-Orima*

**Haju, haju, haju**

*(Wiegenlied)*

Haju, haju, haju,
schlafe mein Söhnchen, schlaf
mit dem Teddy in der Hand
mit der Friedensfee
über dem Haupt
schlafe, mein Kleiner, schlaf ein.

Haju, haju, haju,
kann diese kleine Hand
so weich und zart
eine Waffe halten
aus Eisen und Stahl?
Das Mutterherz schreit - *nein*
in alle Welt hinein
das darf nicht sein!
Schlafe, mein Kleiner, schlaf ein.

Haju, haju, haju,
das Töten, der Terror hören auf
die Ruhe kehrt wieder ein,
schlafe im Frieden die ganze Nacht
mit dem Teddy in der Hand,
schlafe, mein Kleiner, schlaf ein.

Haju, haju, haju

*Niklas Hoppe*

**der löwe**

in stein gemeißelt steht er starr
und blickt - die sonne im gesicht -
der sonne nach, wie jedes jahr,
doch findet er sie nicht.

sein blick erstarb im stein
so stolzer augen und verschwand.
gefährlich stand er stets allein,
uns steinern drohend zugewandt.

auch jetzt, im dünnen silberlicht,
umspielt der wind sein haar,
doch kalter stein bewegt sich nicht
und niemand bleibt ihm nah.

da küsst ich ihn, als ich ihn sah.


*Niklas Hoppe*

**Das lächelnde Fenster**

Die Sonne malte mir am Morgen
ein zweites Fenster an die Wand
durch das ich ohne schwere Sorgen
zu meinem fernen Mädchen fand.

*Niklas Hoppe*

**Rezept**

Eine Prise „Suche nach dem Mehr"
Ein wenig Autobahn- und Stadtverkehr
Ein Glas voll Träumen, Tiefes Denken
Und ein Gefühl sich selbst zu lenken
Ein Tropfen aus der Flasche Glück-Essenz
Ein kleines Stück der Konsequenz
Ein wenig Abwechslungsrisotto
Ein großes Stück vom Lebenslotto
Ein Löffel dies und das und jenes
Ein wenig Liebe, Unbequemes
Ein buntes Bündel Sonnenstrahlen
Ein wenig Zeit – ganz klein gemahlen
Ein wenig Gischt und Trauerweiden
Ein wenig Menschenhassen, Menschenleiden
Ein Augenblick voll Kinderlachen
Ein Paar der vielen halben Sachen
Und schließlich Reste, die verblassen.

Ein wenig rühren, ziehen lassen
Bis sich der Mensch wie jeden Morgen
Mit seinem Rucksack Alltagssorgen
Durch seine grauen Tage robbt
Und aufsteht, geht und stoppt.

*Katharina Maria Herrmann*

**Man sagt**

Ich sei
Wenn ich sage
Wie ich bin
Sagt man
So sei ich nicht
Man sagt ich bin
Wie andere
Sagen, dass ich sei
Man sagt
Ich solle sein
Wie ich bin
Man sagt
Ich bin
Wenn ich sage
wie ich sei
sagt man ich sei nicht
wie andere
sagen, dass ich bin
Man sagt
Ich solle sein
Wie ich bin
und ich geh
und sag: Schweig!
Und frag, wer ich sei
Und kämpf, dass ich bin

*Katharina Maria Herrmann*

**Mich mufft`s**

Schlimme Straßen
bewegen dich endlos
durch ihre Furchen.

Geduckte Schöpfe, modische Seelen,
durchdachte Hirne vielleicht,
treten übers Altland mit dir.

So schludern wir zwischen
kalten Straßenzügen bahn,
schwingern in sich gleichende Leere.

Leichtschrittige Trottel, zielgestrebt.

Schlaffende Fragezeichen, gelöste Rätsel.

Das Pflaster, auf dem wir uns bewegen?
Nur eine abgezogene Rückenschau.

Mich mufft's. That's it. Mich mufft's.

*Katharina Maria Herrmann*

**Vergnügen**

Einzigartiges Vergnügen
Begnügen
Notieren
zu wissen
Wann
Welche
Termine
Haben und
in Urlaub
Fliehen
Wo
Unividualisten
nach Moden
Streben und
Achtung des Gegen
Übers Konto verbuchen
Achte einer
auf den Gebrauch diverser
Rezepte und Kenntnisse
Sichern
Letzter
Leckerbissen.
Verhungert
Alle
nach Einem
Platz da!

*Katharina Maria Herrmann*

**Gesicht**

Atme deinen heißen Atem
durchs Fenster draußen mit
der Kühle ein
fröstelnd wohliges Erschrecken
wähnt Nähe
durchs alte Gemäuer
hindurch zu gelangen
fehlt mein Geschick
Blicke durch
doppelt neue Scheiben
treffen auf Schwarzes
weit lächelnd
heitres Mondgesicht
ES friert mich
Willentlich


*Katharina Maria Herrmann*

**Leidensweile**

Was ist schon eine lange Weile
Die dein Herz so schmerzt
Was ist schon diese Weile lang
Die deine Seele so zerfrisst
Sind weilenlang
Herzzerfressende
Seelenverzehrende
Schmerzen
Schon Langeweile dann

*Katharina Maria Herrmann*

**Leipzig. Sommer**

So ca. 23 Uhr.
Der Baulärm hat fürs erste ein Ende.
Wochenends kein Ziegelkrachen.
Aber Wein.
Die Leipziger Balkonblumen haben Wasser
Und Ruhe vor der Südsonne.
Ausnahmsweise.
Der Boden gewischt; - denke an Freud.
Feiernde Stimmen aus Richtung Karli.
Sich gleichende Leere.
Zirpen.
Bahnen 10 und 11.
Fiese Falter an der Lampe.
Eine Flasche
Und mehr als eine Zigarette.
Müdigkeit; - das Bett erinnert den Sonnenstich,
wirre Träume, ungeborene Gedanken,
erträumte Liebe, Orgien zum schnellen Vergessen.
Perfektes Nichts. Volle Starre.

*Katharina Maria Herrmann*

**Knirschen und Klagen**

So viele
kreisen und brummen
knirschen und klagen
so halb an
einem jeden
vorbei.
Fix
sie zu packen
leicht
sie zu erwischen
verwischt entwischen alle - mal.
Hält nichts mehr
aus
der Kopf.
Aus
gepackt
geplatzt
wer weiß ums Reich.
Keine Zeit
zu verlieren.
Weiter
umkommen
viele
merken es nicht
- mal vielleicht
nehmen sie - 's!
Zu schwer!

*Katharina Maria Herrmann*

**Dividuum**

Seht da
steht - auf! - recht!
ein schwankendes? - ach so! - schrankenlos strahlendes:
Dividuum
zwischen Historie
- Figur -
nachzulesen hier und da
und Überall
heute
denkbar unglaubwürdig
- populär. Ein Witz -
der versucht
aus sich selbst heraus
herzhaft
wie sie
zu lachen
darüber - hinaus!
Dass er hier - nicht mehr -
sein kann
ja wo leben denn wir.
Figurenwitz! Witzfigur!
das vergeht
sagen sie
- Alle! -

*Katharina Maria Herrmann*

**In Bahnen**

Schwimme die Bahn längs
Reime die Pfade gerade
Halte den Kopf aus
funktioniere
einfach
Danke schön
Eine Hand wäscht die andere
aber
wie du mir, so ich dir -
wie gesagt:
Reden ist zwar Silber, aber Schweigen ist das Gold
und
jeder sei doch bitte seines Glückes Schmied,
denn
Übung macht den Meister.
Wer zuletzt lacht, lacht immer noch am besten,
und
sowieso soll man den Tag nicht vor dem Abend loben.
Wo waren wir noch mal?
Stehen?
Geblieben?
Wer nicht wagt, der nicht gewinnt.
Nicht?
- Was?
- Ach, nichts!

*Katharina Maria Herrmann*

**Aberglauben**

Aber
Glauben
Alles Selbst
Aber, ... allein, ...
Nein! - wo
Echte feinste Vorsätze extra
Ersinnen Gutmütige naiver Nachsicht
noch glauben
Und Tiefe tatsächlich trauern - da
verlässt, verrät, verletzt, versetzt
Man. Alle!
Selbst
auf ewig
allein
Aus! - Halten! - Halt!
Wirklich - kalt - bald!
Aber, ... Nein!

*Katharina Maria Herrmann*

**Dies müssen Verse werden**

dies müssen verse werden!
**sonst**
hat dichterlein beschwerden!

dies sollen verse sein?
**fällt**
dichterlein nichts bessres ein?

nicht ein metrum haben
**sie**
nach dem kein mensch verlangt

**um**
ihre stellung bangen sie
vor wem in aller welt?

wo nichts noch reimt
dichterlein die silben leimt
worte hält

**und weint**

*Wilhelm Riedel*

**Zwischen**

Rund steht die Sonne
im Dunst des Flusses,
rot ihr Schein,

versinkt in die Nacht,
es schwinden die Bilder,
dunkelnde Ruh.

Ihr Schweben zwischen
vernichtender Glut
und Erlöschen!

*Werner Wolfschlag*

**Lachen und Weinen**

Engel lachen nie,
aber wer nie lacht,
Wird niemals ein Engel.

Engel weinen nie,
aber wer nie weint,
Wird niemals ein Engel.

Ich lache und ich weine,
Doch menschlich wie ich meine,
Die Gebote halten höchste Pflicht,
Ganz ohne Schuld geht dieses nicht.
Und muss ich einst von unsrer Erde:
Ob ich dann dennoch Engel werde?


*Werner Wolfschlag*

**Die Grottenolme**

Ohne Augen geboren,
Ohne Ohren gemacht,
Und so ins Parlament gebracht:
An diesen Wesen
Soll Deutschland genesen!

*Werner Wolfschlag*

**Feng-Shui**

Früh morgens springe ich ins Bad,
frischauf, mit Mut zu neuer Tat.
Da fällt mein Blick auf das WC;
Es steht ganz offen und - o jeh!
Mein Shi, ich spür es voller Schreck,
hüpft da hinein und ist gleich weg.
Ich greife blitzschnell hinterher,
auch durch die Krümmung, was sehr schwer,
doch leider wurde mir bald klar:
Es war ganz weg - wie schauderbar!
Kalt hat das Fatum zugeschlagen:
Wie soll die Welt ich jetzt ertragen?

*Helga Thomas*

**Sevilla**
wo sind dein Ruhm
dein Glanz
dein Gold
von einst?

Noch immer herrscht die Kathedrale
und die duftenden Gärten des Alcazar
erzählen von verborgenem Leben

Auch die Tauben
in den Nischen der Giralda
scheinen sich noch zu erinnern

In den Gassen der Stadt
lebt noch das Warten
das endlose Warten auf Heimkehr
der Andern
das Warten
vergeblich geworden
sich wandelnd in Trauer und Schmerz

In den Gassen der Stadt
lebt noch das Heimweh
derer die verschleppt
in die Fremde heimkehren mussten

Doch in der Ferne
noch hinter dem Guadalquevir
ahnst du das atlantische Meer
wo die Freiheit beginnt
auch heute noch

*Helga Thomas*

**Sulzburg**

Im Dunkel
über dem alten jüdischen Friedhof,
im Schatten
seiner verwitterten Steine,
die langsam
ins Dunkel der Erde versinken,
heimkehrend
wie die,
an die sie erinnern,
wartet,
in nachtschwarze Trauer gehüllt,
der Engel,
der einst uns den Weg wies,
zum fraglosen Verzeihen.
Sein Stern leuchtet nicht mehr,
auch er ist im Dunkel versunken,
Tränen
löschten sein Licht.
Vielleicht wird einst -
wenn kein Vergessen mehr möglich -
der Bergmann geboren,
der wieder -
wie einst seine Ahnen
glänzende, farbige Steine
aus dem Schoße der Erde bargen -
nun den gewandelten Stern
aus der Tiefe der Erde hervorholt.

In welchen Farben
wird er dann leuchten?
Wer von uns wird
den gewandelten Schmerz
freudig erkennen?

*Helga Thomas*

**Die gefrorenen Blüten**
der Worte
auf den Gräbern
der früh Dahingegangenen
duften
die Art ihres Todes,
mit all seiner Liebe,
mit all seinem Hass.
Lebende sehen und riechen
die gefrorenen Blüten
und erinnern sich nicht.

Kinder werden geboren,
um bald wieder zu gehen
im Alter von einst.
Sie ersticken nicht
am Gas,
an Hass und Angst,
sie ersticken
an den verschwiegenen Worten,
die nächtens erblühen
auf Ihren winzigen Gräbern.
Ihr Duft weckt Sehnsucht,
Sehnsucht, auch Hass zu verzeihen
und langsam
verschwindet
der bittere Mandelgeschmack.

für Paul Celan

*Helga Thomas*

**Der Abfall, der ist wesentlich.**
Die Krume vom Brot,
das du dem Fremden gereicht,
nährt im Winter den Vogel.

Das Lächeln,
noch immer auf deinen Lippen,
als die fröhliche Schwester
auf der Straße, erfüllt mit geschäftigem Leben,
längst schon vorüber war,
erfreute das traurige Kind.

Der Gedanke,
noch nicht gereift in dir,
um mitgeteilt zu werden,
wandelt zum Lied sich,
zum Bild oder Gedicht.
Auch ungesungen, ungemalt
ist es Nahrung für deinen Engel.

Auch unser Abfall
verändert die Welt.

*Werner Leder*

**Ich bin ...**

Ich bin ein Jongleur der Worte
und spiele mit ihnen geschwind,
ob sie zueinander passen
und ob sie up to date sind.

Ich glaube, hoffe und zweifle
und frage: Warum bin ich hier?
Ich denke, sinne und schreibe
von Gott, dem Leben und mir

hier heut in meinen Gedichten,
in allem was aus mir fließt:
Die Worte und die Gedanken,
was sich aus dem Herzen ergießt.

Ich weine, lache und schreie.
Ich singe und tanze im Takt.
Ich schlage selbst Purzelbäume.
Mein Leben ist jetzt – das ist Fakt.

Solange ich Leben spüre
und Blut in den Adern fließt,
solang' sich der Strom des Lebens
in meine Seele ergießt,

solang' werd' ich denken und schreiben
und lachen, weinen und lieben –
so viel mir der Herrgott schenkt
und mich mit Leben bedenkt.

Und wenn es dann eines Tages
vorbei ist mit dem wie's hier steht,
weiß ich, dass ohne Werner L
die Welt sich auch weiter dreht.

*Werner Leder*

**Bücher**

Federleicht und doch nicht federnd
stehn die Texte jetzt im Buch,
sind in eine Form gegossen
und hier selbst nur auf Besuch.

Denn wie lange wird es dauern
bis die erste Blässe nagt,
wenn ein Wort sich aus der Seite
viel zu weit heraus gewagt?

Wird das Buch in hundert Jahren
irgendwo zu finden sein?
Hoffnung hat der Dichter immer,
daher fall'n ihm Texte ein.

Die schreibt er auf weiße Seiten
ordnet sie nach ihrem Reim,
schickt sie auf die weite Reise
nun als Buch, in manches Heim.

Dort steht es dann unter andern
akkurat im Bücherschrank,
ob der eine oder andre
es auch liest, wird nicht bekannt.

Goethe, Hölderlin und Schiller
schrieben auch der Bücher viel,
sich der Zeit in der sie lebten
mitzuteilen, war ihr Ziel.

Sicher konnten sie nicht ahnen,
dass nach ihrer Lebensfrist
alle Welt sie noch verehre
und die Namen nicht vergisst.

Solch ein Ruhm wünscht sich ein jeder
der nicht schreibt Makulatur,
dass er unvergessen bleibe
in der Weltliteratur.

*Werner Leder*

**Schwanensee**

Auf dem See die Schwäne
liegen still und ruhn,
doch der See bewegt sie sanft
auf und ab
und hin und her
federleicht
und nebenher.

*Werner Leder*

**Kurzkrimi**

Der Tod kam durchs Fenster,
ermordete die Frau
und verließ mit ihrem Leben
das Haus durch die Tür.

Keiner hatte ihn gesehen,
keiner ihn vernommen,
stumm war er gekommen,
stumm war er gegangen,
stumm ist nun die Frau.

*Werner Leder*

**Die Spinne**

Sie fiel von der Decke
genau auf die Frau.
Die schrie wie am Spieß
um ihr Leben.

Ihr Atem blieb stehen -
ihr Herz war zu schwach,
stumm fiel sie ohnmächtig
zu Boden.

Doch kurz nach dem Fall
kam ihr Atem zurück.
Sie erwachte aus
Horrorträumen.

Sie schaute sich um,
die Spinne war weg.
Da hatte sie Lust
wieder zu leben.

*Werner Leder*

**Gott Bacchus und der Gott des Bieres**

Gott Bacchus sprach zum Gott des Bieres:
Was hast du nur dabei gedacht
als du das gelbe Wasser brautest,
das alle Männer durstig macht?

Schau hier, der Wein, den ich gekeltert
aus Trauben und aus Sonnenschein,
er ist ein Labsal für die Menschen
und Medizin noch obendrein.

Der Gott des Bieres aber lachte
und sprach: Dein Wein macht's nicht allein,
denn auf der ganzen Welt, mein Lieber,
schenkt man zum Feiern Bier auch ein.

Als das der alte Zecher hörte,
der still im Eckchen saß und trank,
griff er zum Bier und auch zum Weine
und rief: Ich trinke beides, Gott sei Dank!

*Hans Hässig*

**Herbstliche Schatten**

Drückend liegt des Herbstes Schwere,
überall nur düstres Grau.
Auf dem Land liegt öde Leere,
keine Spur von Himmelsblau.

Farben sind schon längst verblichen,
Sommerbilder sind verweht.
Alles Leben ist entwichen,
und die Wirklichkeit vergeht.

Ziellos geh ich durch die Matten,
suche den verlornen Weg.
Schatten seh ich, nichts als Schatten,
schaudernd treibt es mich hinweg.

Seh ich doch in meinen Träumen
immer einen Schatten stehn,
der da wartet unter Bäumen
und mir winkt, mit ihm zu gehn.


*Hans Hässig*

**Die Katzen und ich**

Man nennt sie manchmal Philosophen
und liebt ihre Gelassenheit und Ruh.
Man sieht sie oft in Denkerposen,
versunken wie ein Buddha, Augen zu.

Ich könnte das von mir nicht sagen,
von Weisheit keine Spur bei allem Fleiss.
Noch immer gibt es viele Fragen,
auf die ich keine Antwort weiss.

*Hans Hässig*

**Verschiedene Betrachtungsweisen**

Im kühlen Schatten meiner Silberweide
verbringe ich den Tag mit Müssiggang.
Bei mir liegt meine Katze, und wir beide
erfreuen uns am wunderbaren Klang
von einer jungen Amsel Lustgesang.
Dies weckt Gefühle ganz verschiedner Art,
die meinen hold, die ihren nicht sehr zart.
Mich wiegt das Lied in einen süssen Traum,
die Katze aber zieht es auf den Baum.
Mir fliesst der Sang wie Balsam in die Seele,
die Katze aber geht dem Vogel an die Kehle.
Und jetzt - das arme Tierchen ist versehrt -
verhält es sich gerade umgekehrt,
denn dies Geschehn erregt nun m i r die Brust,
derweil die Katz den Vogel frisst mit grosser Lust.


*Hans Hässig*

**Todesfahrt**

Der Zug, in dem wir alle fahren,
geht schneller stets und hält nicht an.
Signale werden überfahren,
weil dieser Zug nicht halten kann.

Wir glauben nicht, dass wir entgleisen,
obwohl die Lichter stehn auf Rot.
So können nur Verrückte reisen,
sie glauben alles, nur nicht an den Tod.

*Hans Hässig*

**Satte und Hungrige**

Es gibt unzählig viele Reiche
in unsrem beispielhaften Wohlstandsland.
Sehr dicke Börsen, fette Bäuche,
und alle Teller sind voll bis zum Rand.

Doch andre Länder, andre Bräuche,
in vielen Ländern sind die Teller leer.
Nicht Fett, der Hunger bläht die Bäuche,
der Tod fällt über kranke Kinder her.

Wir aber essen Schlankheitspillen
und reduzieren so unser Gewicht.
Es ginge ja auch mit dem Willen,
doch Pillen kann man kaufen, Willen nicht.

Millionen hungern und Millionen sterben,
und wir vernichten Nahrung tonnenweis.
Liessen wir davon nicht so viel verderben,
gäb es genug für alle, wie man weiss.

Den Überschuss wegwerfen ohne Reue,
das ist bei uns ein ganz normaler Brauch.
Doch immerhin, mit einem Teil füttern wir Säue
und mit den Säuen wieder unsern Bauch.

So bleibt halt nicht viel übrig für die Armen,
für all die Hungrigen in dieser Welt.
Viel Nahrung nicht, doch immerhin Erbarmen,
nur ist damit ihr Hunger nicht gestillt.

*Hans Hässig*

**Ferien in südlicher Stadt**

Palmenzweige wiegen sich im Wind,
in der Ferne rauscht das Meer.
Unten auf der Gasse spielt ein Kind,
Brise weht vom Strande her.

Mittagsglut liegt drückend auf der Stadt,
Sonntagsruh breitet sich aus.
Alte Hund dösen müd und matt,
süsse Klänge aus dem Nachbarhaus.

Kindheit kommt mir in den Sinn:
Weites Meer, auf das der Himmel fällt.
Immer zog es mich dorthin,
zum geheimnisvollen Rand der Welt.

Wieder ist das Meer so licht und weit,
wieder will die Sehnsucht mich entführen.
Doch ich weiss, dort ist Unendlichkeit,
Himmel wird die Erde nie berühren.

*Hans Hässig*

**Vergebliche Mühe**

Wie müht man sich im Alter (meist vergebens),
dem Tod noch ein paar Jahre abzuringen!
Noch eine kurze Spanne süssen Lebens
das würde man doch immer gern verbringen.

Drum leben wir gesund, halten Diät
und gehen täglich eine Stunde wandern,
geben das Rauchen auf ('s ist nie zu spät),
und Sex und Alkohol nebst vielem andern.

Man will partout das Jungsein sich bewahren
und quält sich ab im Fitnessstudio.
Sieht komisch aus, Omas mit weissen Haaren,
und macht sie offensichtlich auch nicht froh.

Man geht ins Altersturnen und spielt Schach
(das erstere schützt vor Gebrechen,
das letztere hält uns im Geiste wach)
und macht sich selbst und auch dem Tod Versprechen.

Doch er lässt sich auf keinen Handel ein,
ihn kümmert's nicht, ob wir enthaltsam leben,
verzichten und im Alter uns kastein
oder Genuss und Lastern uns hingeben.

Er weiss, er kann uns nicht zufrieden stellen.
Schenkt er ein Jahr, will man natürlich mehr,
kriegt man's, muss sich noch eins dazugesellen,
und schliesslich fordert man gar Wiederkehr.

Doch er bestimmt und handelt nach Belieben,
pflückt hier und dort und jagt mit grosser Lust.
Er schiesst den Menschlein, die so gern noch blieben,
kühl lächelnd seine Pfeile in die Brust.

*Hans Hässig*

**Im Garten Gethsemane**

Du wusstest es, die Nacht in diesem Garten,
sie würde deine letzte sein.
Du würdest ihn in Todesangst erwarten,
den Häschertrupp im fahlen Morgenschein.

Sie würden dich des Hochverrats anklagen,
du würdest vor Gericht gestellt.
Die Zeugen würden gegen dich aussagen,
die Wahrheit würde, wie so oft, entstellt.

Schon morgen würdest du ans Kreuz geschlagen,
der Kelch, er würde nicht vorübergehn.
Die Schmerzen würdest schweigend du ertragen,
das Grauen bis zum Ende überstehn.

All dieses wusstest du, betrübt im Herzen,
die Jünger schliefen und du warst allein.
Doch bitterer als alle Schmerzen,
viel bitt'rer würde die Erkenntnis sein,
dass deine Botschaft keine Frucht wird tragen,
der Tod am Kreuz, er würde sinnlos sein.

Es würden noch Millionen Fesseln tragen,
Ströme von Blut über die Erde gehn,
Millionen würden noch ans Kreuz geschlagen,
verzweifelt rufend Gott um Hilfe flehn,
und ihre Schmerzensschreie, ihre Klagen,
sie würden ungehört im Nichts verwehn.

*Hans Hässig*

**Winter**

Wie im Schnee das Land sich weitet!
Keine Töne, keine Farben mehr.
Landschaft endlos ausgebreitet,
schwarz und weiss und starr und leer.

Einsam geh ich über Fluren,
Rabe hockt in einem Baum.
Schweigend zieh ich meine Spuren,
sinne über einen Traum.

Suchte meinen Weg im Stadtgewirre,
und ich fand nicht mehr hinaus.
Alle Wege führten in die Irre,
keiner führte mich nach Haus.

Klarheit will der Traum mir geben:
All dein Wandern ist ein Irregehn.
Hierhin, dorthin ruhelos durch's Leben,
statt, ins Innre schauend, still zu stehn.


*Hans Hässig*

**Erloschene Flamme**

Liebesflamme hat geloht
feuervoll wie rote Rosen.
Kühler Wind hat stets gedroht,
diese Flamme auszublasen.

Bald schon musste sie vergehen,
und wir können beide nichts dafür.
Nur beweinen, was geschehen,
klagend stehn vor der verschlossnen Tür.

*Hans Hässig*

**Abend im Oktober**

Ein herbstlich Abendbild:
Die Sonne, trübes Gold vergiessend,
der Horizont, milchig zerfliessend,
ein Tal, in Dunstgeweb getaucht,
vom letzten Sonnenstrahl durchhaucht,
fern Hügel, die im Dunstmeer schwimmen,
ertrinkend drin ein Feuerball,
dann ein Verglühn, Verglimmen,
dann Dämmerung im Tal,
gedämpftes Herdgeläut,
des Nebels Hülle,
dann Dunkelheit
und Stille.


*Hans Hässig*

**November**

Es ist, als wollten diese Nebelschleier,
die nun die abgeblühte Welt
an jedem Tag erfüllen,
die schaurig-schöne Todesfeier,
welche Natur nun schweigend hält,
vor unserm Aug verhüllen.

*Hans Hässig*

**Gartenbild**

Eine Sommerwiese, eine dichte Hecke
und ein Nussbaum, Schatten spendend, hoch und breit
altes Gartenhaus, ein Steintisch in der Ecke,
Träume, Sehnsucht, Bilder aus vergangner Zeit.
Aus der Kindheit hör ich Lieder klingen,
seh den Knaben lachend hinter Schmetterlingen.
. . . . . .
Halbverfallne Mauer, efeuüberzogen,
Katze schläft im Moos unter dem Baum,
Rosen glühn in feuerroten Wogen
vor der Ginsterbüsche dunklem Saum.
An der Mauer zittern Efeuranken,
Wasser spiegelt sich am Brunnenrand,
Baum- und Heckenzweige rauschen, schwanken,
in der Ferne traumverschwommnes Sommerland.
Alles atmet Licht und Wehmut und Gelassenheit,
alles träumt den Traum von stehngebliebner Zeit.


*Hans Hässig*

**Die letzte Rose**

Die letzte Rose blüht im Garten,
bald ist es Winter hier.
Die ersten konnt' ich kaum erwarten,
die schönste bracht' ich dir.

Ich kann dir nun keine mehr bringen,
auch diese hier ist nicht für dich.
Die Tränen, die zum Herzen drängen,
die Tränen aber sind für mich.

*Hans Hässig*

**Die Katze auf Mäusefang**

Die Katze in der Wiese
ist auf dem Mäusegang.
Sie wittert in der Brise
schon einen fetten Fang.

Es denkt das kleine Mäuschen,
ich lasse mich nicht sehn.
Ich bleib in meinem Häuschen,
sonst ist's um mich geschehn.

Die Katze setzt sich nieder
zwei Schritt vom Mäuseloch,
schnurrt ihre Katzenlieder
und denkt, dich krieg ich doch.

Da sitzt sie viele Stunden,
und endlich kommt die Maus.
Die Katze lässt sich's munden
und geht vergnügt nach Haus.

Bei dem Nachhausegehen
fliegt über ihr ein Aar.
Sie kann ihn dort nicht sehen,
doch s i e ist sehr sichtbar.

Er stürzt sich auf sie nieder
und packt sie beim Genick.
Vorbei die Katzenlieder,
ach, welch ein Missgeschick!

Der Aar trägt sie ins Neste
und füttert seine Brut.
„Mama, das ist das Beste,
noch nie war es so gut."

*Hans Hässig*

**Der Sündenbock**

Kennt ihr das Lied vom Sündenbocke,
den Vers vom innern Schweinehund?
Wir prügeln einen mit dem Stocke
und meinen statt ihm diesen Hund.

Wenn wir, was vorkommt, uns selbst hassen,
dann schlagen wir auf andre Menschen ein,
einst Hexen, heute fremde Rassen,
so können wir vom Selbsthass uns befrein.

Es tut uns auch sehr wohl zu sehen,
wie man den Strick dem Schurken dreht.
Wir können umso sauberer dastehen,
je schlimmer es ihm an den Kragen geht.

Wir schaufeln gern vom eignen Drecke
vor's Haus einer andern Person.
Das dient dann dem bequemen Zwecke
der Reinigung und heisst Projektion.

Das Böse in sich kann man schlecht ertragen,
doch hat es jeder schon im Mutterschoss.
Und drum, je stärker wir den andern schlagen,
desto gründlicher sind wir es selber los.

*Hans Hässig*

**Auf einer Alp**

In einsamer Alphütte liege ich wach,
die Wälder geheimnisvoll rauschen.
Der Regen tropft leise auf's hölzerne Dach,
dem Wind im Gebälk muss ich lauschen.

Das Tosen des Bergbachs gedämpft zu mir dringt
und manchmal Gebell aus der Ferne.
Die Grille in duftender Heuwiese singt,
am Himmel jetzt einzelne Sterne.

Ich zähle die Stunden, und noch bin ich wach,
ich höre die Ahorne rauschen.
Der Föhn faucht verspielt um das zitternde Dach,
dem Brunnen im Hof muss ich lauschen.


*Hans Hässig*

**Das Wetterhorn**

Im festen Kern des Urgesteins gegründet
schwingt es in kühnem Flug sich himmelwärts.
Das Auge ist vom Glanz des Schnees geblendet,
und überwältigt von der Schönheit ist das Herz.

Gewaltig türmen sich die Silberspitzen,
ein weisser Dom, von Götterhand gebaut.
Ja, auf dem Gipfel müssen Götter sitzen,
vom Himmel und von Ewigkeit umblaut.

*Hans Hässig*

Noch einmal reiche mir, geliebtes Leben,
den überschäumend vollen Becher dar.
Ich will berauscht ihn an die Lippen heben,
dein Wein schmeckt süss, dein Wein schmeckt wunderbar.

Noch einmal lass mich höchste Lust erfahren,
wie du es tausend, tausendmal getan,
noch einmal deinen Zauber offenbaren,
und sei auch alles nur ein süsser Wahn.

Noch einmal führ' mich zu bekränzten Festen
und lade mich zu deinem Gastmahl ein.
Ich will geniessen und mit meinen Gästen
dich feiern und noch einmal glücklich sein.

Noch einmal reiche mir, geliebtes Leben,
den überschäumend vollen Becher dar.
Zum letzten Male will ich ihn erheben,
du warst so reich, du warst so wunderbar.


*Hans Hässig*

**Im Hier und Jetzt ...**

stehn wir auf beiden Füssen fest und breit,
tun alles, um das Drüben zu vergessen.
Wir fürchten uns vor Tod und Dunkelheit,
das Grab graut uns und dass uns Würmer fressen.
Und dennoch wissen wir, es ist nicht weit,
und keinen hat der Tod bislang vergessen.

*Hans Hässig*

**Grabinschrift**

Hier ruht ein Mensch, der Gott,
den Allgerechten, suchte und nicht fand,
und dennoch ahnte eines weisen Führers unsichtbare Hand.
Ein Mensch, der an das Gute glaubte
und Gerechtigkeit beschwor,
doch diesen Glauben angesichts der Schrecken bald verlor,
der dennoch voller Hoffnung ging den Lebenspfad,
das Gute wollte, aber oft das Böse tat,
der höchste Lust und höchstes Glück empfing
und oft den dornenvollen Weg des Leidens ging.
Ein Mensch, der wusste von des Menschseins Fluch,
verstrickt zu sein in Schicksal, Schuld und Widerspruch,
der den geheimen Schlüssel zu den Rätseln dieser Welt nicht fand
und der nicht ohne Furcht, jedoch versöhnt,
vor Tod und Richter stand.

*Jens Borrmann*

**HERBST**

DIE NATUR
GIBT NOCHMAL
RICHTIG
GAS.

FARBEN
IM ÜBERDRUSS.

DAS LAUB
DUFTET
NACH
ABSCHIED.

ES WIRD
ZEIT
NACH HAUSE
ZU GEHEN.

ANKOMMEN.
MIT
DER LIEBSTEN
EINEN
KAKAO
TRINKEN.

ABENDS
GREIFT
DER WINTER
NACH UNS.

KEINE CHANCE,
DAFÜR IST DER
KAKAO
VIEL ZU
SÜSS.

*Jens Borrmann*

**FROSTSCHOCK**

MORGEN
KAUFE ICH MIR
EINE GEFRIERTRUHE.

AUSREICHEND GROß.

ICH WERDE MICH
HINEINLEGEN
UND DEN
DECKEL
ZUSCHLAGEN.

LANGSAM ERSTARRT
DAS LEBEN IN MIR.

MEIN SCHMERZ FORMT
KRISTALLE.
MEIN BEGEHREN
VERSINKT IM EISNEBEL.
MEINE LIEBE ZIEHT
SICH ZUSAMMEN.
MEIN BLUT ZÄHER SIRUP.
MEINE ERINNERUNGEN
SPITZE EISLANZEN.
DAS AGGREGAT FRIßT
MEINE HOFFNUNG.
MEIN HERZ ERWEHRT SICH
CHANCENLOS.

ZWÖLF MONATE WINTER.

KEIN FRÜHLING,
KEIN SOMMER,
KEIN HERBST
KANN MICH
ERNEUT TÄUSCHEN.

WINTERKIND.
WINTERLIEBE.
WINTERTRAUM.


*Jens Borrmann*

**ICH KANN …**

ICH KANN
KEINE KINDER
BEKOMMEN
FÜR DICH

ICH KANN
DIE STERNE
NICHT VOM HIMMEL
HOLEN
FÜR DICH

ICH KANN
DIE ZEIT
NICHT ANHALTEN
FÜR DICH

ICH KANN
KEIN ANDERER SEIN
FÜR DICH

ICH KANN
KEINEN REGENBOGEN
MALEN
FÜR DICH

ICH KANN
KEINE BERGE
VERSETZEN
FÜR DICH

TROTZ ALLEM
IST MEINE LIEBE
EIN UNSCHULDIGES KIND,
EIN STERNENHIMMEL,
ZEITLOS,
ANDERS,
EIN REGENBOGEN,
EIN GEBIRGE,
FÜR DICH.


*Jens Borrmann*

**ERBE**

OMA VERSTECKTE
IM KRIEG
EINEN ENGLISCHEN
FALLSCHIRMJÄGER.

IHRE
ZWILLINGSSCHWESTER
WURDE ALS
„UNWERTES" LEBEN
GETÖTET.

VATER VERWEIGERTE
DEN KIEGSDIENST
BEI HITLER.

SELBST DIE
ZWANGSEINBERUFUNG
ÄNDERTE NICHTS
DARAN.

NORDSEE,
AFRIKA,
RUSSLAND.

JEDES MAL
BIST DU
GEFLOHEN,
WURDEST WIEDER
GEFANGEN.

UNIFORMES LEBEN
WAR ALS OPTION
FÜR DICH VORBEI.

MUTTER GAB ALLES
FÜR DIE DDR.

ICH WOLLTE
ZUR ARMEE.

DU WARST
DAGEGEN,
MUTTER STOLZ,
17 JAHRE ALT,
JUGENDLICH BLIND.

ICH NEHME
DAS ERBE AN.

*Jens Borrmann*

**STERBEN**

ANGENOMMEN,
ICH KÖNNTE
DREI DINGE
AUSWÄHLEN
FÜR DIE LETZTE
REISE.

WOFÜR WÜRDE
ICH MICH
ENTSCHEIDEN?

DREI IST
NICHT VIEL.

ABER GENUG.

DAS GEFÜHL
GELIEBT
ZU SEIN.

EINE CD
VON
LUDOVICO EINAUDI.

DAS SCHIMMERN
AUF DEINEM GESICHT
DANACH.

*Hermann Wischnat*

**Abfindung**

Der Vorstandsvorsitzende des Großkonzerns,
Dr. Dr. h.c. Felix Findig,
scheidet aus der Vorstandsarbeit aus.
Das ist hart.

      Er erhält eine Abfindung von
    zwölf Komma sieben Millionen Euro.
      Damit muss er sich abfinden.
          Das ist hart.

   Jetzt sitzt er im Aufsichtsrat.
    Auch das ist hart. Aber
     er findet sich damit
       ab.

*Hermann Wischnat*

**Neuer Badeort**
                oder **Bä Bä**

Bad Iburg
Bad Essen
Bad Oeynhausen
Bad Wörishofen
*Bad Bank*
Bad Kissingen
Bad Rothenfelde
Bad Nenndorf
Bad Laer

    Wollte im Reisebüro Bad Bank buchen,
                neuer Badeort,
      staatlich jüngst institutionalisiert.

        Nichts mehr zu kriegen.
        Bereits ausgebucht!

*Herman Wischnat*

**Eliteförderung**
oder Außergewöhnlich

Man erkennt den männlichen Absolventen
einer deutschen Eliteuniversität
an seinem außergewöhnlich hohen
Pinkelbogen.

Das haben neuere empirische Erhebungen
zweifelsfrei ergeben.

Komplementär dazu laufen Untersuchungen
zum Urinstrahl weiblicher Eliteabsolventinnen.
Erste Ergebnisse deuten auch hier auf eine
außergewöhnliche Strahlkraft.

Die deutsche Hochschulpolitik sieht sich
in ihrer Eliteförderung voll bestätigt.

*Ina Kitroschat*

**Eure toten Ohren**

Grillenflügel brüllen $CO_2$ Frust in die Welt.
Ein Ruf, empört, gebrochen,
der Welten tadelt.
Er scheltet die,
die mit lachenden Benzingasen
über teilnahmslosen Asphalt poltern.
Welch ein skrupelloses Grau!
Verschüchtert, in Form geschnitten,
ducken sich die Halme.
Der blumig schwere Duft gemähter Wiesen
ist der einzig freie Zeuge der grausamen Tat.
Grillen rufen in Scharen ihre Wut durch's Unterholz.
„Mensch. Wir weinen über deine toten Ohren,
die den Ruf der Elter Natur im Morast
versinken ließen!"

*Kurt May*

**Ein Wunsch**

Ihr Töchter, Söhne müsst es besser machen,
Das Tun, das Wachen, Träumen, Lieben, Lernen.
Oh, Kinder, baut noch lachhafter das Lachen
Und sucht noch emsiger nach Licht und Sternen.

Und feiert lauter, geht in bess`rem Kleide,
Verjagt in Zuversichten das Erlahmen
Und haltet fern die Wölfe von der Weide.
Ach, werdet nicht wie wir. Uns nachzuahmen

Lohnt wirklich nicht. Prüft gründlich unser Erbe.
Wir haben nachgeahmt in dem Gewerbe
Des Fortschreitens und brachten es nicht weit.

Oh, macht es besser, Töchter und ihr Söhne.
Wir haben zugeschüttet vieles Schöne.
Oh, grabt es aus für eine neue Zeit.

*Kurt May*

**Bekannte**

Sie leben, um das Leben hier zu quälen
Und höhnen jedes menschliche Gebot.
Sie würden gern die Menschheit ganz entseelen
Und schlügen auch Humor und Wahrheit tot.

Sie können nicht gehorchen, nicht befehlen.
Sie wissen nur zwei Farben, braun und rot.
Und nur Gebrüll kriecht dumm aus ihren Kehlen.
Sie neiden einer Maus die Krume Brot.

Sie dünken sich bevorzugt in der Rasse
Und nebeln sich Moral und Schädel blau.
Zu Dreien fühlen sie sich gleich als Masse
Und prügeln blutig Kind und Greis und Frau.

Ach, ihre Namen, Nummer und Adresse?
Sie haben deutsche Mütter, deutsche Pässe.

*Kurt May*

**Befugt**

Ich halte mich befugt, den Staat zu fragen,
Warum bist du als Staat nicht dreifach streng?
Ich nehme mir heraus, dem Staat zu sagen,
Mach es dem Bürger nicht so ketteneng.

Ja, Staat, sei streng. Du kannst den Bürger zwingen
Zu Menschlichkeit und seines Lebens Pflicht.
Du kannst den Mensch befrein von Nasenringen,
Die Politik für Staatsdenken verspricht.

Zeig deinem Bürger, was er kann erreichen,
Wenn er sich selbst zum Menschentum erhebt.
Du musst ihn nicht mit einem Schaf vergleichen.
Ja, zeige ihm, wie außerhalb man lebt.

Von Herden, gut allein und doch für alle.
Doch den Zerstörer duld in keinem Falle.

*Kurt May*

**Prachtmensch**

Ein Prachtmensch, unser deutscher Wohlstandsbürger,
Hockt fest im Sattel, und sein Esel streckt
Sich willig, dieser Golddukatenwürger.
Und für den Reiter wird stets groß gedeckt

An jedem Tag. Und die Geschäfte mehren
Sich ganz von selbst. Der Mann im weißen Frack
Lässt sich die Weste und den Ruf nicht teeren.
Da steht bereit der Büttel aus dem Sack.

Er duldet nicht Kritik am Optimisten,
Und nennt er Christ sich, nicht an einem Christen.
Er schaut die Welt in allerschönster Pracht.

Gar etwas bessern, wenn die Zinsen sprießen,
Und Tränen nur in andern Häusern fließen?
Das kann und darf nicht sein. Der Prachtmensch lacht.

*Robby von der Espe*

**Federtanz**

Die Nacht ist jung, das kalte Land
träumt draußen grau in Schwaden,
vor unserm Haus der Birnbaum singt
die Windmär, die so stürmisch klingt
aus tief verlaubten Tagen.
Die Pfützen greifen nach dem Mond
im ersten, weißen Rauschen,
in deinem Haar mein Lieben wohnt,
so ungesagt und unbetont,
laß es den Winter lauschen.
Wie damals dort am Straßenrand,
als wir das Bunt empfingen
und küßten uns so Hand um Hand,
so Mund um Mund seelenverwandt
mit zeitvereisten Sinnen.
Ich fühl dein Lächeln, deinen Blick,
den Zucker auf den Wangen,
ein Federtanz treibt mich zurück,
zu jenem Ort, zum stillen Glück,
zum alten Herbstverlangen.


*Robby von der Espe*

**die verlorenen Bilder der Mary K.,
oder hinter dem Spiegel**

Wohin ich schau geharzte Bretter,
kaputte Wälder liegen schwer,
doch jeder geht ja irgendwann den Weg
der pergamentgebrochnen Rosen.
Das weiße Sägewerk ist still, verspinnwebt sozusagen,
mit Buchen, Eiben sagt man mir,
verschneite Späne, Staub

im Eisengatter eines Lebens.
Dabei, frierende Pfützen, die in den hohen Lüften
den Drachen sehnsuchtsvoll Grimassen schneiden.
Herbstatem auf den marmorierten Blättern,
Eisbaden rot im Sonnenschein.
Die Kälte dampft sehr winternah,
Sibiriens Fronten dudeln ein
der Ton am Hausbalken allein,
ist noch geblieben von den „stolzen" Tagen.
Ich streif den ledern Handschuh auf,
doch der ist gleich
dem alten Grammophon sehr abgegriffen,
durchs Eisengatter eines Lebens,
erspäht mein Blick,
da unter dem gesprungenen Glas ein spätes Haupt des starren
Erstbesitzers,
doch alles ist hier ja verschieden,
bestattet unterm Bürdestrauch
so wie die „Wunderdinge" auch, die einstmals hier gebaren,
wie diese Lust des Tanzbären auf Austernschmaus,
dort bei dem Nebellicht am Waidsteinkranz,
fraß jener Farbenkopf voll Eleganz
den Brautschmuck bunter Nymphen aus den großen Teichen.
Und Blutegel erklimmen schneckentoll die Bäume,
wenn Silbermondfall setzt sein Werk,
denn auch die Himbeertorten sind gegangen,
vertilgt stets von des Herrschens Gier,
nur noch der feuchte Mühlradduft blieb hier,
doch seinen warmen Zwillingsspross
ließ unsichtbar und leise,
er in dem letzten Sommer sein,
dort, wo so unglaublich natürlich,
er spricht mit dir
von deinen längst verlornen Bildern.

*Sebastian Balcerowski*

**Kapital und Kommunist**

Eine Mauer zwischen
guter und böser Welt.
Kapital und Kommunist
Eiserner Vorhang
Front der Ideologien.

Eine Idee,
wird zum Machtspiel
totalitärer Staaten
Überwachung statt Freiheit
Stasi-Apparat verfolgt Bürger.

Raketen auf beiden Seiten
Propagandatrommel hallt
Honecker will von Gorbatschows Reformen
nichts wissen

Staatspleite
Mauerfall
Untergang

Doch sind die neuen Guten
so viel besser als
die alten Bösen?

*Sebastian Balcerowski*

**Der letzte Kuss**

Kalte Lippen
Kein Zucken unserer Zungen.
Kein Austausch von Leidenschaft.

Nur eine Sekunde
in Berührung.

Kein Lippenspiel
Kein Zähneringen
Kein Speichelfluss.

Der letzte Kuss
Letztlich keine
Liebe mehr.


*Sebastian Balcerowski*

**Unerkanntes Talent?**

Ich schreibe Zeilen,
Verse und Geschichten
Dichtung und Wahrheit
sollen sie sein.

Unerhört und doch
ungehört.

Wunde Finger
Volle Regale
Leerer Briefkasten.

Warten auf Leser.
Warten auf Verdienst.
Warten.

*Ricarda Ohligschläger*

**Ich bin**

Ich bin Schwester, Tochter, Lieblingstante
Nichte, Frau, nette Bekannte
Cousine, gute Nachbarin
Schwiegertochter, Schwägerin

Humorvoll, nett, kultiviert
Spontan, meist unkompliziert
Langhaarig, nicht sehr groß
Kinderlieb doch kinderlos

Geliebte mit viel Dekolleté
Kauffrau, Köchin, Bügelfee
Glücklich und ich frage dich
Bist du´s auch? Denn ich bin ich.


*Ricarda Ohligschläger*

**S.O.S.**

Gib Signale durch den Sturm!
Stell deine Winde auf mich!
Lass mich bitte nicht alleine!
Ich setz die Segel auf dich!

Lebenslänglich in Seenot!
Kein Land mehr in Sicht!
Rettendes Beiboot verloren!
Notruf gibt es nicht!

Mein Kompass zeigt Chaos!
Das Herz stürzt über Bord!
Du warst mein sicheres Ufer!
Doch jetzt bist du fort!

*Ricarda Ohligschläger*

**Nur noch heimlich**

Du gehst mir nicht
aus meinem Kopf
aus dem Herzen
und aus dem Sinn
du bist einfach
zu tief in mir

Die Gedanken
an dich nerven
öden mich an
zerreißen mich
machen Gänsehaut

Ich liebe dich
lang schon nicht mehr
bist mir so egal
red ich mir ein
und tu auch so

Nur noch heimlich
geb ich es zu
nachts manches Mal
wenn niemand schaut
mir ins Gesicht

# Inhalt

*Jörg Kleemann*
5     Gedichtgelände
6     Der Eismann ist da
7     Gewittergesicht
8     Im Ernstfall
9     Offene Brüche
10    Phoenix
11    Terror
12    Lichthäutung

*Manfred Burba*
13    Aus einer anderen Welt
14    Ein Heldenleben
15    Der Kleinstadtpoet
16    Der Typ von nebenan
17    Verkehrte Welt
18    Der große Knall

*Hans-Jürgen Gundlach*
19    Die „Krone der Schöpfung"
20    Es ist soweit
21    Mauerfall
23    Celle, Runde Straße Nummer neun
25    Mein Onkel Max
28    Du - Gott
30    Übrigbleiben
30    Blaue Stunde
32    Krieg - ferngesehen
33    Die Kurse steigen
34    Zügellos
35    Der Kuckuck
36    Stolz auf Deutschland?

*Regina Löwenstein*
37    Alle hier haben ihren eigenen Plan

| | |
|---|---|
| 38 | Warten auf den Regen |
| 39 | Fangen spielen |

*Hanna Fleiss*

| | |
|---|---|
| 40 | Geheimnisse |
| 40 | Sommerstadt |
| 41 | Tagebau |
| 42 | Du weißt |
| 43 | April V |
| 44 | Juni |
| 44 | Lauf der Dinge |
| 45 | Windgespräch |
| 46 | Nachtwandern |
| 47 | Noch einmal |
| 48 | Zuletzt |

*Hermann Josef Schmitz*

| | |
|---|---|
| 49 | Lichtflüsse |
| 50 | deine aufblühenden rosenlippen |
| 50 | am ende |
| 50 | kurz vor dem erlöschen |
| 51 | du gingst |
| 52 | die bebenden wasserflügel |
| 52 | herzhände |
| 53 | lichtgefülltes blau |
| 53 | komm |
| 54 | Regensburg |
| 54 | Verriegelt |
| 55 | Magnolientage |
| 56 | dieser geruch |
| 56 | ich will mich |

*Peter Huber*

| | |
|---|---|
| 57 | Abraxas |
| 58 | anodos |
| 59 | Oblation |
| 61 | Leiriope |
| 62 | Quivittoq |

*Bettina Lichnter*
63  Material einer Dichtung

*Eve Herzogenrath*
64  Mit diesem Kind darfst du nicht spielen

*Roman Herberth*
66  Im „Gänsemarsch"

*Ruth Karoline Mieger*
67  der arbeitslose der
67  ehe
68  Sommerblüten
69  Christlich
70  Verschmutzungsrechte
71  Glücksmomente

*Christine Omar*
72  Halte stets ein wenig inne
73  Fernliebe
74  Die Musik

*Mara Laue*
75  Lügner
76  Ja, was denn nun?

*André Steinbach*
77  Macchu Picchu
78  Salitreras der Atacama
79  Die elfenbeinerne Rose
80  Der Bettler
81  Fensterlos
82  Tschernobyl, zwanzig Jahre danach

*James P. Hiller*
83  11. September 2001

*Eva-Maria Obermann*
84  Bürgerkrieg

|     | *Ursula Strätling* |
|-----|---|
| 85  | Das Wort |
| 85  | Zur Zeit |
| 86  | Selbstverständlich frei |
| 87  | Gründonnerstag |

|     | *Germaine Wittemann* |
|-----|---|
| 88  | Wut |
| 88  | Hauptsache Liebe |
| 89  | Sandweg |

|     | *Marko Ferst* |
|-----|---|
| 89  | Danach |
| 90  | Krumme Lake |
| 91  | Eine Palast-Phantasie |
| 92  | Hochgebirge |
| 93  | Von Buchara nach Samarkand |
| 94  | Die Farbe Ocker |
| 97  | Schachmatt |

|     | *Margret Silvester* |
|-----|---|
| 98  | Ein letztes Mal |
| 99  | Die Ballade der Steine |

|     | *Xenia D. Cosmann* |
|-----|---|
| 101 | Berliner Mauer ohne Mauer |
| 102 | Maienmorgen |
| 103 | Pergamon |

|     | *Erich Adler* |
|-----|---|
| 104 | Frühlingsbotschaft |
| 104 | Voyeur meiner Gärtnerin |
| 105 | Morgendliche Poetologie |
| 105 | Herbst |
| 106 | Port-au-Prince |
| 106 | Herbstanfang und ... |
| 107 | Winter Gelobtes Land |

|     | *Sebastian Schimmel* |
|-----|---|
| 108 | Transit |

| | |
|---|---|
| 109 | Gras, grün |
| 110 | Resolut |

*Stefan Senger*
| | |
|---|---|
| 111 | Zukunftsmusik |

*Norbert Rheindorf*
| | |
|---|---|
| 112 | Übers Wasser |
| 113 | Papierschiffchen |

*Waltraut Lühe*
| | |
|---|---|
| 114 | Frauen erwacht! |
| 114 | Weiblich |
| 115 | Was zählt in dieser Welt |
| 116 | Die Kaffeeköchin |
| 117 | Die „Muss"-Ehe |

*Eva Trendel*
| | |
|---|---|
| 119 | Gut genug |

*Marina Krug*
| | |
|---|---|
| 120 | In der Kolonie |
| 121 | Dort |

*Sibyl Quinke*
| | |
|---|---|
| 122 | Ich wandle am Ufer der Styx, |
| 122 | Ewig wird endlich |
| 123 | So bleich, |
| 123 | Der Minimalist |
| 124 | Gong - Solo |
| 125 | Du liegst vor mir wie ein zerfetztes Handtuch |
| 126 | Mekong-Delta |
| 127 | Halong-Bucht |
| 128 | Cholon* |

*Michael Starcke*
| | |
|---|---|
| 129 | ganz ohr sein |
| 130 | das hat was |
| 131 | „wie ein blatt im wind" |

| | |
|---|---|
| 132 | wer weiß |
| 133 | mein zuhause |
| 134 | mein zuhause |
| 135 | jeden tag |
| 136 | dieses wetter |
| 137 | dank |
| 139 | eines noch |
| 140 | weihnachtsfahrt 2008 |
| 141 | mit gebrochenem flügel |

*Stefania Galassi-Edwards*
| | |
|---|---|
| 142 | Müßige Feder |
| 143 | Abschied |
| 144 | Schnee von Gestern |

*Karin Ossenberg*
| | |
|---|---|
| 145 | Zeichen der Zeit |
| 145 | Glanzlichter im Mittelmeer |

*Günther Bach*
| | |
|---|---|
| 146 | Verdienste |
| 147 | Justitia |

*Izzy Cartwell*
| | |
|---|---|
| 148 | Nimm ab dein Kreuz |
| 149 | „Die Nullen-Ballade" |
| 150 | Reichtum |
| 151 | Remedium |
| 152 | Zu oft |
| 153 | Ironie der Liebe |
| 153 | Ironie der Weisheit |
| 154 | Pathos und Katharsis |
| 161 | Gewohnheit |
| 162 | Schattenspiele |
| 163 | Ohne |

*Fred Mengering*
| | |
|---|---|
| 164 | Sachen gibt's |
| 165 | Tage und Nächte |

| 166 | Die Spatzen |
| 167 | Der Dachziegel |
| 168 | Reden |
| 169 | Begegnung im Kaiser's |
| 170 | Aller Tage Abend |
| 171 | Und auf einmal stehst du neben dir |

*Siegbert Dupke*
| 172 | Eiger und Jungfraujoch |
| 173 | Städteheimat |
| 174 | Chongqing |
| 174 | Seebeben |
| 175 | Sibirisches |
| 176 | Gohlis (Großstadt Leipzig) 1992. |
| 176 | Lyrik, Logik, Ladin |

*Barbara Siwik*
| 177 | Dresden 1945 |

*Gutrun Wellmer*
| 179 | Stalingrad |
| 180 | Nachtpoesie |
| 181 | Herbstmond |
| 182 | Halbtags |
| 183 | Unbegreiflichkeit |
| 184 | Staatssonntag |
| 186 | Kleine Falterweise |
| 187 | Frei-Tag |
| 188 | Wertigkeit |

*Walter Mathois*
| 189 | Aborigines |
| 189 | schicke Uniform |
| 190 | Mächtige Menschen |
| 190 | Hier und dort |
| 191 | Draußen und drinnen |
| 192 | Köln, September 2008 |

*Herbert van Anken*
| 193 | Mahnung |

| | |
|---|---|
| 193 | Time to say Goodbye ... |
| 195 | Unvergessenes Licht ... |

*Wolfgang Uster*
| | |
|---|---|
| 196 | Bangkok Nightfeaver |
| 198 | Traumpfade |

*Johannes Bettisch*
| | |
|---|---|
| 200 | Nebelland |
| 200 | Hitze |
| 201 | Die Wolke |
| 201 | Unterwegs |
| 202 | Weiß |
| 203 | Der Kanal |
| 204 | Menschen? |
| 204 | Zeitvertreib |

*Susanne Rist*
| | |
|---|---|
| 205 | Wörtertür |
| 205 | Morgengedanken |
| 206 | Da ist nichts |
| 207 | Ich atme grün. |

*Heike Wenig*
| | |
|---|---|
| 208 | nebel steigt auf |
| 208 | deine geträumten worte |
| 209 | der lärm des tages |

*Margita Osusky- Orima*
| | |
|---|---|
| 210 | Der Apollo und der Übermensch |
| 210 | Als im Herbst 1944 |
| 211 | 1. September 1939 |
| 212 | Frieden? |
| 212 | 1943 Wer fragte dich? |
| 213 | Der Hahn |
| 213 | Quo vadis? |
| 214 | Der Schatten und ich |
| 215 | Auf dem Quai am See |
| 216 | Du Poet! |
| 217 | Haju, haju, haju |

*Niklas Hoppe*
218  der löwe
218  Das lächelnde Fenster
219  Rezept

*Katharina Maria Herrmann*
220  Man sagt
221  Mich mufft`s
222  Vergnügen
223  Gesicht
223  Leidensweile
224  Leipzig. Sommer
225  Knirschen und Klagen
226  Dividuum
227  In Bahnen
228  Aberglauben
229  Dies müssen Verse werden

*Wilhelm Riedel*
230  Zwischen

*Werner Wolfschlag*
231  Lachen und Weinen
231  Die Grottenolme
232  Feng-Shui

*Helga Thomas*
233  Sevilla
234  Sulzburg
235  Die gefrorenen Blüten
236  Der Abfall, der ist wesentlich.

*Werner Leder*
237  Ich bin ...
238  Bücher
239  Schwanensee
239  Kurzkrimi
240  Die Spinne
241  Gott Bacchus und der Gott des Bieres

**285**

*Hans Hässig*
242  Herbstliche Schatten
242  Die Katzen und ich
243  Verschiedene Betrachtungsweisen
243  Todesfahrt
244  Satte und Hungrige
245  Ferien in südlicher Stadt
246  Vergebliche Mühe
247  Im Garten Gethsemane
248  Winter
248  Erloschene Flamme
249  Abend im Oktober
249  November
250  Gartenbild
250  Die letzte Rose
251  Die Katze auf Mäusefang
252  Der Sündenbock
253  Auf einer Alp
253  Das Wetterhorn
254  Noch einmal reiche mir, geliebtes Leben
254  Im Hier und Jetzt ...
255  Grabinschrift

*Jens Borrmann*
256  HERBST
257  FROSTSCHOCK
258  ICH KANN …
259  ERBE
261  STERBEN

*Hermann Wischnat*
262  Abfindung
263  Neuer Badeort
264  Eliteförderung

*Ina Kitroschat*
265  Eure toten Ohren

*Kurt May*
266  Ein Wunsch

267 Bekannte
268 Befugt
269 Prachtmensch

*Robby von der Espe*
270 Federtanz
270 die verlorenen Bilder der Mary K., oder hinter dem Spiegel

*Sebastian Balcerowski*
271 Kapital und Kommunist
273 Der letzte Kuss
273 Unerkanntes Talent?

*Ricarda Ohligschläger*
274 Ich bin
274 S.O.S.
275 Nur noch heimlich

277 Inhalt

289 Autorinnen und Autoren stellen vor

# „Gib mir mehr Himmel"

### Roman

### Sebastian Balcerowski

198 Seiten, Literareon, ISBN 978-3-8316-1410-3, 12,80 €

Konstantin wird durch sein Stottern in der Schule zur Zielscheibe des Spotts seiner Mitschüler. Bald erstrecken sich die gezielten Mobbing-Attacken sogar auf sein Alltagsleben. Sein sehnlichster Wunsch ist, dassder Terror aufhört. Wie immer er sich auch verhält, weder Widerstand noch Anpassung helfen ihm, aus seiner Rolle auszubrechen. Zusehends stellt er die Wichtigkeit der inneren Werte in Frage und resigniert an der Oberflächlichkeit seiner Mitmenschen. Erst die Liebe zu Andrea, die seine wahre innere Größe erkennt, gibt ihm neuen Lebensmut. Kann sie verhindern, dass sich Konstantin in einem irrealen Weltkonstrukt verliert?

*Leseprobe: www.sektion31.org*
*Bestellung: Sebastian Balcerowski, Steinacher Str. 24, 90765 Fürth*
*E-Mail: SBalcerowski@gmx.de*

# Autorinnen und Autoren stellen vor:

Sebastian Balcerowski: Lichtwege und Träume. Gedichte, 92 Seiten, 2006, 8,20 €, bestellen: SBalcerowski@gmx.de

Jens Borrmann: Wasserflecken, 52 Seiten, ISBN: 978-3-8370-9742-9, Books on Demand, 2009, 19,65€
Jens Borrmann: Kopfsprung, 128 Seiten, ISBN: 978-3-8391-0722-5, Books on Demand, 2009, 19,65€

Marko Ferst: Umstellt. Sich umstellen. Politische, ökologische und spirituelle Gedichte, 160 Seiten, Edition Zeitspung, Berlin 2005, 11,20 €
Marko Ferst: Täuschungsmanöver Atomausstieg? Über die GAU-Gefahr, Terrorrisiken und die Endlagerung, 136 Seiten, Edition Zeitsprung, Berlin 2007, 9,95 €
Marko Ferst, Franz Alt, Rudolf Bahro: Wege zur ökologischen Zeitenwende. Reformalternativen und Visionen für ein zukunftsfähiges Kultursystem, 340 Seiten, Edition Zeitsprung, Berlin 2002, 21,90 €
Marko Ferst, Rainer Funk, Burkhard Bierhoff u.a.; Erich Fromm als Vordenker. „Haben oder Sein" im Zeitalter der ökologischen Krise, 224 Seiten, Edition Zeitsprung, Berlin 2002, 15,90 €
Leseproben und Bestellung: www.umweltdebatte.de

Eva-Maria Obermann: Seelentropfen - 100 Gedichte, 2009, BoD, 136 Seiten, 10,90 €, bestellen: unter www.schreibtrieb.aeom.de

Hermann J. Schmitz: Du gibst Grün für mein Blau. Gedichte, 100 Seiten, Pro Business, 12 €

Margret Silvester: Lied der Jahreszeiten, Lyrik-Band, 77 Seiten, Engelsdorfer Verlag Leipzig, 2008, 7,40 € Leseproben: http://www.engelsdorfer-verlag.de/db/leseprobe/1694.pdf

Ursula Strätling: Schwung genommen und dann ... Liebe Tod und andere „Schwachheiten" , Lyrikband Hierreth Verlag 2009, 120 Seiten, 9,90 €

Helga Thomas: Emotionen. Gedichte, TEGRA- Verlag, G., Sursee 2000
Helga Thomas: Hörst du die Lieder der Engel. Gedichte, der Toten Wort?, TEGRA- Verlag, G., Sursee 2001
Helga Thomas: Damit wir uns morgen finden. Erzählung, TEGRA- Verlag, G., Sursee 2003
Helga Thomas: Eine andere Art von Liebesgeschichten. Erzählungen und Kurzgeschichten, TEGRA- Verlag, G., Sursee 2003
Helga Thomas: Andalusische Impressionen. Bulgarisch-Deutsch, G., Sofia 2006
Helga Thomas: … und schlafende Knospen entfalten singend. Bulgarisch-Deutsch, G., Sofia 2006
Helga Thomas: Dunkelblüten - Lichtsamen. Gedichte, Verlag Ch. Möllmann, G., Borchen 2003
Helga Thomas: Warte, bis die Seerose blüht. Roman, Verlag Ch. Möllmann, Borchen 2006
Helga Thomas: Halt inne… Blick in eine andere Richtung…, G. Sofia 2007
Helga Thomas: Lausche auf den Atem verborgenen Lebens. Gedichte für Nelly Sachs und Paul Celan, G. Borchen 2007
Helga Thomas: Geschichten (m)einer Kindheit. G. Sursee 2007
Die Bücher sind zu beziehenüber: Dr. Helga Thomas, Ob der Gass 3, 79540 Lörrach, helgathomas.kandern@web.de, die fünf letzten Bücher direkt beim Verlag Ch. Möllmann

Gutrun Wellmer: Das schmutzige Herz - Poesie für Lebenssüchtige. Lyrik-Sammlung der Künstlerin Gutrun Wellmer, 64 Seiten, Hardcover, Lulu-Verlag, Oktober 2009, 23,52 Euro, Leseproben unter: http://www.lulu.com/content/hardcover-buch/das-schmutzige-herz---poesie-f%C3%BCr-lebenss%C3%BCchtige/7532946

# Mit Blindenhund durchs Liebesland

### Gedichte

### Slov ant Gali, Ricardo Riedlinger, Volker Brauer

### 72 Seiten, 2008

Liebt man(n) mit 50 noch genauso wie als junger Stürmer und Dränger? Schreibt man(n) der Angebeteten ähnliche Gedichte? Wie viele abgestoßene Hörner reibt man(n) sich - oder hat man(n) sich abgestoßen? Oder ist man(n) mit Worten wilder als vorher, wenn man die Taten mehr bedenkt? Drei 50jährige mit Biographien, die so unterschiedlich sind wie ihre Temperamente lüften den Vorhang zum Panzerschrank um ihre Gefühle. Herausgekommen sind 50 Gedichte, die nichts auslassen. Zärtlichkeit und Schmerz, Sehnsüchte und Komik, Begehren und Anbetung. Sie widmen sich mal der einen Frau, die ist und war, mal den Frauen, denen sie sich stürmisch ergeben. Gelegentlich aber geben sie zu, im Land der Liebe immer noch einen Blindenhund zu brauchen ...

*Leseproben: www.literaturpodium.de*
*Bestellen: Slov ant Gali bei Kurock, Adele-Sandrock-Str.89, 12627 Berlin.*
*Ruediger.Kurock@tele2.de*

# Literaturpodium

Bei uns können Sie Gedichte, Erzählungen, Romane oder ein Sachbuch veröffentlichen. Sowohl einzelne Gedichte und Erzählungen lassen sich publizieren oder auch mehrere Autoren können einen Band gemeinsam herausbringen. Die Bücher werden gegenseitig mit Anzeigen beworben und im Internet mit Leseproben präsentiert.

Mehr Informationen unter:

**www.literaturpodium.de**

Literaturpodium, Köpenicker Str.11, 15537 Gosen (bei Berlin)

Täuschungsmanöver Atomausstieg?

Über die GAU-Gefahr, Terrorrisiken und die Endlagerung

Marko Ferst

136 Seiten, Edition Zeitsprung, 2007

Die Beinahe-Katastrophe im schwedischen Forsmark 2006 zeigte erneut: auch westliche Atomkraftwerke sind keineswegs sicher. Bei einem Atomunfall in Deutschland müßten fünf bis sechs Bundesländer komplett umgesiedelt werden, wollte man die Fehler nach dem Tschernobylunglück nicht hier wiederholen.

*Leseproben: www.umweltdebatte.de*

**Hard- & Software**
**Reparatur & Wartung**

Köpenicker Str. 11　　　　　Tel. 0 33 62/82 00 97
15537 Gosen　　www.ferst.de　e-mail: info@ferst.de

- Verkauf

- Beratung

- Aufrüstung

- Installation

- Netzwerkeinrichtung

**Besuchen Sie unseren Onlineshop unter: www.ferst.de**

Wir sind Vertriebspartner u. a. von:

　　**NETGEAR**　　

## Falsche Töne

Lustige Erzählungen und Gedichte

Monika Jarju, Bettina Lichtner, Andreas Erdmann u.v.a.

320 Seiten, Juli 2009

Taxifahren in Afrika ist ganz einfach, doch welchen Leidensweg absolviert das Gefährt, wenn es von Fahrer zu Fahrer wechselt? Lassen Sie sich erheitern durch die Geschichte von Lehrer Fifi oder die Annalen von Pastor Plum! Folgen Sie der Spur schmutziger Katzentatzen auf frisch gebügelter Wäsche und der Intelligenz von Krähen beim Nüsse knacken. Berichtet wird über die Vor- und Nachteile von Lerchen und Eulen – genauer – Frühaufstehern und Spätschlafengehern. Ein Dichter beklagt den ständigen Skandal im Wahllokal – schön in Reimform. Die besonderen Vorteile unübersichtlicher Zettelwirtschaft werden gepriesen. Die eigene Frau hält das freilich für einen hoffnungslosen Fall.

*Leseproben: www.literaturpodium.de*
*Bestellung: Literaturpodium, Köpenicker Str. 11, 15537 Gosen,*
*gedichte@literaturpodium.de*

## Ferner Vögel leiser Schrei

Roman

Reinhard Düsterhöft

256 Seiten, Juni 2008

Ein Dorf, irgendwo in Norddeutschland. 1934. Ein SA-Mann erschießt bei einer Feldübung kaltblütig eine alte Frau. Die Tat bleibt ungesühnt. Nur ein pensionierter Lehrer, Mitglied der NSDAP, begehrt gegen den Mord auf und wird dadurch zu einem Fall für die Gestapo. Der Autor zeichnet ein beklemmendes Bild von einem Deutschland, das im Rausch nationaler Aufbruchstimmung von Führerkult und Gewaltanbetung beherrscht wird. Doch im moralischen Versagen einer Dorfgemeinschaft, kündigt sich bereits die kommende Katastrophe an.

*Leseproben: www.literaturpodium.de*
*Bestellung: Reinhard Düsterhöft, Havelkorso 120, 15615 Oranienburg/ Lehnitz,*
*lokales@ruppiner-anzeiger.de*

# Ausflug in die Stille

### Gedichte

Hanna Fleiss, Ralf Burnicki, Hans-Jürgen Gundlach u.v.a.

200 Seiten, Juli 2009

Die bunten Fahnen wehen im rauhen kalten Wind. Wie wird die Zukunft Tibets aussehen? Eine andere Dichterin meint man müßte lachen können, wie mit einem verschwundenen Land umgegangen wird. Wer wollte die Irrtümer bestreiten? Doch das Leben in der ostelbischen Republik bestand auch aus anderen Seiten. Besuchen Sie Brechts Domizil in Buckow. Oder kommen Sie mit und verbringen einen Tag in der meditativen Stille eines Klosters. Berichtet wird über starke Frauen und wie sie mit Männern umgehen. Studieren Sie das ABC für Arbeitslose! Gezeigt wird eine Zeitreise durch das Leben. Ein Loblied auf Berlin - können wir ihm folgen? Reiseeindrücke aus dem Iran und Indien runden den Gedichtband ab.

*Leseproben: www.literaturpodium.de
Bestellung: Literaturpodium, Köpenicker Str. 11, 15537 Gosen,
gedichte@literaturpodium.de*

# Schön, dass man noch Träume hat

Erzählungen

Werner Bartholome, Ursula Schröder-Zeuch, Norbert Klatt u.v.a.

312 Seiten, 2009

Hören Sie die Geschichten aus Pflaumenheim. Eine andere Erzählung berichtet davon wie 1933 Walter Mehring der Verhaftung durch die Nazis entgeht. Lauschen Sie den Ansichten und Träumen Professor Hommerweibs. Wie wurden die Evangelien zu geschriebenem Text? Berichtet wird über Jugendliche, die auf der Straße leben. Auch weitere Erzählungen thematisieren Armut in ihren verschiedenen Formen. Mehrere Beiträge gehen Liebesbeziehungen auf den Grund, die am Ende scheiterten. Von einer jungen Frau wird berichtet, die 1945 ohne Schuld in ein russisches Lager gesperrt wird. Begebenheiten aus dem letzten Krieg Israels gegen den Libanon kommen zu Wort.

*Leseproben: www.literaturpodium.de*
*Bestellung: Literaturpodium, Köpenicker Str. 11, 15537 Gosen,*
*gedichte@literaturpodium.de*

## Republik der Falschspieler

Marko Ferst

172 Seiten, Gedichte, 11,60 €, Leseproben: www.umweltdebatte.de

Wohin driftet die Berliner Republik? Ein bißchen Gelddiktatur schadet doch niemandem? Die Gedichte in diesem Band bürsten unbequem gegen den Strich. Hartz IV und Ein-Euro-Job kommen auf den Prüfstand. Da wird nach sozialer Gerechtigkeit ebenso gefahndet wie nach ökologischer Balance. Sind wir als Zivilisation dem Untergang geweiht? Der Autor setzt sich auseinander mit den Folgen von Tschernobyl für die Menschen und thematisiert: Atomkraft ist unverantwortlich. Er führt uns nach Mittelasien und schreibt sich an die Tragödie um den verschwindenden Aralsee heran.
Wieviel unschuldige Opfer fordert der angebliche Kampf gegen den Terror? Was konnte die orange Revolution in der Ukraine leisten oder wieviel blaue Adern durchziehen sie? Unternommen wird ein Ausflug an die Wolga und nach Kasan. Einen umfangreichen Abschnitt mit Liebesgedichten findet man vor, überdies zahlreiche Landschaftsgedichte. Außerdem: was kann dem streßgeplagten Weihnachtsmann alles passieren? Eine Nachtwanderung führt in spukumwundenes Ferienland.

## Wege zur ökologischen Zeitenwende

Reformalternativen und Visionen für ein zukunftsfähiges Kultursystem

**Franz Alt Rudolf Bahro Marko Ferst**

340 Seiten, Leseproben: www.umweltdebatte.de

Die ökologische Krise droht der menschlichen Zivilisation eine Richtstatt zu bereiten. Würden wir sämtliche Energie, die wir nicht einsparen können, über Solartechnik, Wasserkraft, Windkraft und aus Biomasse gewinnen, hätten wir schon ein gutes Stück Zukunft gesichert. Mit einer globalisierten Wettbewerbsökonomie, die auf permanentem Wachstum fußt und einen Pol auf Kosten des anderen Pols entwickelt, wird die Todesspirale nicht aufzuhalten sein. Gerechte gesellschaftliche Verhältnisse im globalen Maßstab sind nötig. Der erforderliche ökologischsoziale Strukturwandel müßte umfassender sein als alle vorhergehenden Umwälzungen und Reformen in der Menschheitsgeschichte. Die eigentliche Chance für eine ökologische Rettungspolitik erwächst aus dem geistigen Lebensniveau der Gesellschaften. Jede Veränderung beginnt im Menschen, hat dort ihren Vorlauf. Wir brauchen ein ökologisches Kultursystem, das auf Herz und Geist gebaut ist.

*Bestellung: Ferst, Köpenicker Str. 11, 15537 Gosen, marko@ferst.de*

# Aktuelle Bücher

Tengis Khachapiridse, Hanna Fleiss, Harald Woschitz u.v.a.
**Ein Netz von Wegen. Erzählungen und Gedichte über die Liebe** (316 Seiten)
Hanna Fleiss, Ralf Burnicki, Hans-Jürgen Gundlach u.v.a.
**Ausflug in die Stille. Gedichte** (200 Seiten)
Dirk Werner, Jan Hagen Fink, Stefanos Nikolakopoulos u.v.a.
**Oliven mattes Grün. Gedichte** (205 Seiten)
Monika Jarju, Bettina Lichtner, Andreas Erdmann u.v.a.
**Falsche Töne. Lustige Erzählungen und Gedichte** (320 Seiten)
Werner Bartholome, Ursula Schröder-Zeuch, Norbert Klatt u.v.a.
**Schön, dass man noch Träume hat. Erzählungen** (312 Seiten)
Axel Görlach, Hanna Fleiss, Kurt May, Ernestine Kühnl u.v.a.
**Tango tanzen. Gedichte** (232 Seiten)
Mia Bo, Anke Osterhues, Michael Hesseler u.v.a.
**Die indische Braut. Erzählungen** (308 Seiten)
Ralf Burnicki, Peter Kahn, Heinrich Beindorf u.v.a.
**Wolken im Wandel. Gedichte** (212 Seiten)
Julia Romazanova, Hans Sonntag, Marcus Neuert u.v.a.
**Blauzeit. Gedichte** (292 Seiten)
Monika Jarju, Werner Pelzer, Hans-Jürgen Gaiser u.v.a.
**Juniland. Gedichte** (284 Seiten)
Reinhard Düsterhöft
**Ferner Vögel leiser Schrei. Roman** (256 Seiten)
André Steinbach, Monika Jarju, Carmen Mayer u.v.a.
**Café au lait. Vom Reisen. Erzählungen, Gedichte, Eindrücke** (284 Seiten)
Monika Jarju, Johannes Bettisch, Tengis Khachapuridse u.v.a.
**Letzter Gang. Erzählungen und Gedichte** (312 Seiten)
Marko Ferst
**Umstellt. Sich umstellen. Gedichte** (160 Seiten)
Jörg Reinhardt
**Eine Art von Luxus. Erzählungen und Gedichte** (136 Seiten)
Slov ant Gali, Ricardo Riedlinger, Volker Brauer
**Mit Blindenhund durchs Liebesland. Gedichte** (72 Seiten)
Johannes Bettisch
**Nägel und Köpfe. Pfiffige Fragen und Antworten** (76 Seiten)

*Leseproben: www.literaturpodium.de Bestellung: Literaturpodium, Köpenicker Str. 11, 15537 Gosen, gedichte@literaturpodium.de*